高等职业教育
旅游类专业
系列教材

中国特色高水平专业群建设成果

U0719660

职业文化素质

主　编　何　叶

副主编　刘　昉　赵　丹　鲁红春

西安交通大学出版社

XI'AN JIAOTONG UNIVERSITY PRESS

图书在版编目(CIP)数据

职业文化素质 / 何叶主编. —西安：西安交通大学出
版社，2022.12

ISBN 978-7-5693-2938-4

Ⅰ.①职… Ⅱ.①何… Ⅲ.①旅游文化－高等职业教育－教材
Ⅳ.①F590

中国版本图书馆 CIP 数据核字(2022)第 232798 号

	Zhiye Wenhua Suzhi	
书　　名	职业文化素质	
主　　编	何　叶	
策划编辑	曹　昳	
责任编辑	张　欣　张明玥	
责任校对	柳　晨	
装帧设计	伍　胜	

出版发行	西安交通大学出版社
	（西安市兴庆南路 1 号　邮政编码 710048）
网　　址	http://www.xjtupress.com
电　　话	(029)82668357　82667874(市场营销中心)
	(029)82668315(总编办)
传　　真	(029)82668280
印　　刷	西安五星印刷有限公司

开　　本	787mm×1092mm　1/16　　**印张** 16.75　　**字数** 341 千字
版次印次	2022 年 12 月第 1 版　　2022 年 12 月第 1 次印刷
书　　号	ISBN 978-7-5693-2938-4
定　　价	49.80 元

如发现印装质量问题，请与本社市场营销中心联系。

订购热线：(029)82665248　(029)82667874
投稿热线：(029)82668502
读者信箱：phoe@qq.com

陕西高等教育教学改革研究(重点攻关)项目资助
（立项编号：21GG018）

前 言

Preface

    在现代社会中，职业素质已经成为用人单位选用人才的重要标准，也是职场制胜、事业成功的一大法宝。职业素质包括职场人必备的思想、知识、技巧等。一个人在社会中扮演什么角色，在不同环境中体现什么身份，都需要准确定位，然后根据要求做好本职工作。

    为了顺应智慧文旅融合带来的新时期旅游工作的需要，满足对现代文旅职业人员文化和素质提升的迫切需要，培养理想信念坚定且具有良好人文素养的社会主义接班人和能在文旅行业从事相关工作的复合型技术技能人才，我们编写了《职业文化素质》，包括"魅力沟通""中国传统文化""旅游美学""旅游大数据分析"四部分内容。按照学习任务导向，每个项目设置学习目标，包含任务导入、相关知识、任务分析、任务准备、任务实施、任务评价、能力拓展等学习单元，具有较强的启发性和易操作性。以传承礼仪文化、培养职业素养、树立旅游使命、塑造工匠精神、厚植家国情怀五类思政元素，培养"讲政治、业务精、服务好"的现代文旅人才。全书注重文化和素质的培养，具有较强的针对性、指导性和适用性，为学生未来的职业生涯打下基础。

    本书可作为高等职业院校、成人高校、中职院校的人文素质教育教材，也可作为旅行社、酒店、景区的培训教材，对于其他旅游从业人员亦有参考价值。

    本书"魅力沟通"的模块一由何叶编写，模块二由雍玉凤、李杨编写，模块三由寇照编写，模块四由洪娟丽、张园编写；"中国传统文化"由刘昉编写；"旅游美学"由赵丹编写；"旅游大数据分析"由鲁红春编写。

    限于编者水平，书中若有不妥之处，敬请读者批评指正。

编 者

2022 年 10 月

目 录

Contents

第三部分　旅游美学

第四部分　旅游大数据分析

第一部分

魅力沟通

第一部分　魅力沟通

模块一
走近人际沟通

　　人际交往中，80％的问题是由沟通不畅引起的。沟通是职场的一门必修课，良好的人际沟通能力能够展示出个人的修养和专业水准，表达对他人的尊重、友善和真诚，易于赢得他人的好感和信任。良好的人际沟通能力对于打造专业品牌形象，提高企业声誉，提升企业的竞争力和影响力非常重要。立足"五心"（诚信心、尊重心、同理心、包容心、合作心），"五心"决定职场高度，努力做具有"五心"的职场精英。

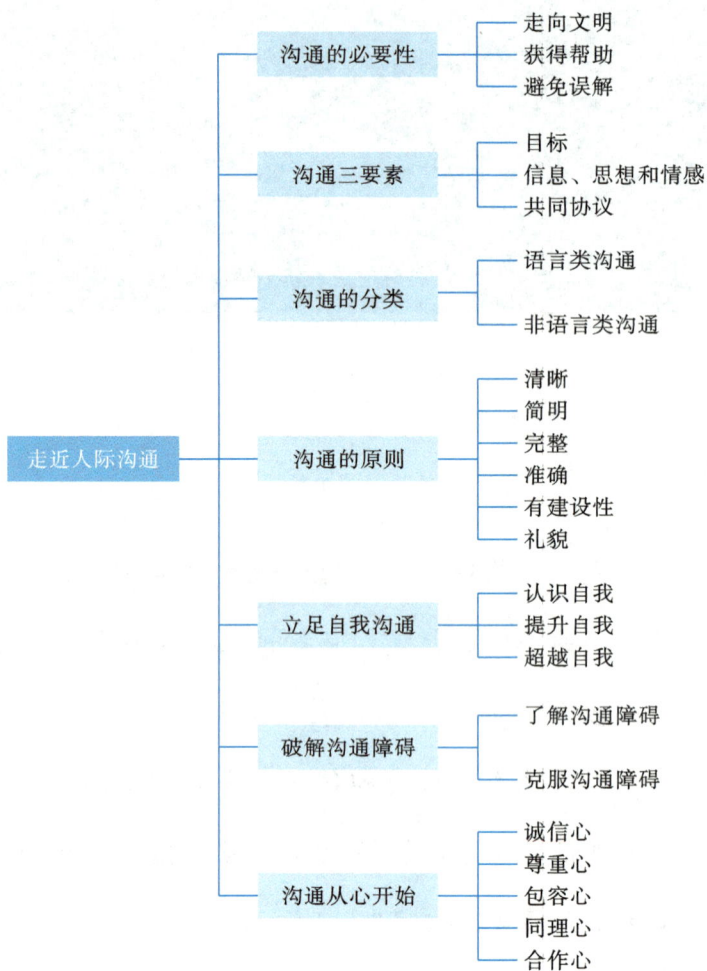

任务一　沟通的力量

学习目标

(1)认识到人际沟通的重要性，强化职业素养和职业规范。
(2)掌握沟通的要素、障碍和原则。
(3)能够遵循人际沟通原则，在生活中实践应用。

任务导入

电影《在云端》中有一段视频，瑞恩是人事专家，在裁员时候遇到一位年老的职员鲍伯，鲍伯对于被裁勃然大怒，情绪失控。瑞恩询问他关于梦想的问题，问他孩子的崇拜是否对他很重要，可是孩子真的崇拜他吗？还记得梦想是什么？曾经有很好的烹饪技术，可是为了现在平凡的工作放弃了，现在有一个能够重新追梦的机会，愿意抓住吗？鲍伯对于裁员从暴怒、抵抗到平静，最终接受了被裁的事实。

思考：
(1)沟通对我们的生活和工作有什么重要意义？
(2)鲍伯平静地接受裁员，是因为瑞恩遵循了沟通的什么原则？

相关知识

一、沟通的必要和重要性

1. 走向文明

人类能够进化得比其他物种都迅速，有一个非常重要的原因就是人类掌握了复杂的语言沟通技巧，沟通可以帮助人们在学习上取长补短，获得新知识和技能。

沟通的必要和重要性

2. 获得帮助

人类倾向于"群居"，我们会一起聚餐、玩乐、合作完成项目等，我们很多时候都需要别人的帮助，与他人沟通才可以获得物质或者精神上的帮助。

3. 避免误解

生活中，很多争执都是因误解和疏离而产生的，如果可以及时沟通那么大多数争执都可以避免。

二、沟通的含义和过程

1. 沟通的含义

沟通是为了设定的目标，把信息、思想和情感在个人或群体间传递，并达成共同协议的过程。

2. 沟通的过程

信息在二者之间的传递过程，一般经历 7 个环节。

(1)发送者需要向接收者传递信息或者需要接收者提供信息。

(2)发送者将要发送的信息进行编码，编成接收者能够理解的一系列符号。

(3)发送的符号通过信息通道传递给接收者。

(4)接收者感受信息，接收符号。

(5)接收者将接收的符号解码成具有特定含义的信息。

(6)接收者感受并理解被翻译的信息内容。

(7)发送者通过反馈来了解他想传递的信息是否被对方准确地接收。

三、沟通的分类

1. 语言类沟通

语言类沟通通常是指建立在语言文字基础上的沟通方式，它又可以分为口头沟通和书面沟通。

沟通的分类

1)口头沟通

口头沟通也就是我们通常所说的交谈，是人们最常用的交流方式。优点：直接深入，成本低，效率高，便于使用身体语言，是沟通的基本方式。缺点：容易受到个人情感和人际关系的干扰，不易保存，商务活动中往往不具备法律效力。

2)书面沟通

书面沟通包括信件、电子邮件、传真、备忘录、组织内发行的期刊、布告栏及其他传递书面文字或符号的手段。优点：准确，易于传递且传播范围广，可以长期保存，具有法律效力，在商务活动中占很大比例。缺点：难以处理情感沟通，不易使用身体语言，相对来说成本高、效率低。

2. 非语言类沟通

非语言类沟通指不是通过讲话或文字而是通过某些媒介来传递信息的沟通形式。知识、能力是社交的硬件，沟通、交流是社交的软件。沟通可以是语言/非语言的，可以是有意识/无意识的。只要能传情达意，就是沟通。沟通效果有一个知名的"55387 法则"，如图 1-1-1 所示。

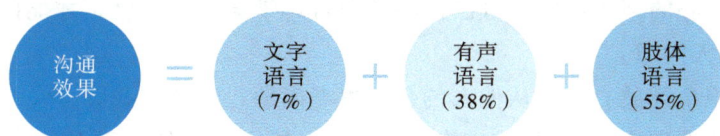

沟通效果 ＝ 文字语言（7%） ＋ 有声语言（38%） ＋ 肢体语言（55%）

图 1-1-1　55387 法则

四、沟通的原则

1. 清晰

清晰即表达的信息结构完整、顺序有效，能够被信息受众所理解。有时候表达不清晰，会让你的交谈对象失去与你交流的兴致，从而造成不好的结果。

2. 简明

简明就是在沟通时要用尽可能少的语言，简单明了地表达清楚自己的观点，这样不但可以节约自己的时间，更重要的是可以节约听众的时间，提高沟通的效率。

3. 准确

准确是衡量信息质量和决定沟通结果的重要指标。在实际工作中，准确首先是信息发出者头脑中的信息要准确，其次是信息表达方式要准确，不能出现重大歧义。

4. 完整

完整也是对信息质量和沟通结果有重要影响的因素。说话、倾听都要完整。

5. 有建设性

有建设性是对沟通的目的性的强调。建设性沟通＝解决问题＋积极的人际关系。

6. 礼貌

礼貌是对对方的尊重，也是沟通最基本的原则。

五、立足自我沟通

1. 认识自我

(1)物质自我：物质自我是主体对自己的身体、仪表、家庭等方面的认知。

(2)社会自我：社会自我是对自己在社会活动中的地位、名誉、财产，以及与他人相互关系的认知。

(3)精神自我：精神自我是主体对自己的智慧能力、道德水准等内在素质的认知。

2. 提升自我

(1)修炼自我意识：自我意识包括自我价值的定位、面临变革的态度、人际需要的判断、认知风格的确立。

(2)倾听内心的声音：倾听自己内心的声音，学会接纳自己，才能以更敏锐、体谅的态度与别人沟通。

(3)转换视角开放心灵：从他人的角度思考问题，解放自我。

(4)转变认识理念："人所欲，施于人"和"己所不欲，勿施于人"。

3. 超越自我

(1)超越目标和愿景：目标是属于方向性的、抽象的希望达到结果；愿景是一个特定的结果、一种期望的未来景象或意象。自我超越是学习修炼的高级境界。认识自我和修炼自我是自我超越的必要条件，它是对"原我"的突破。

超越自我

(2)以自我为目标：正如老子云，"胜人者有力，自胜者强"。

六、破解沟通障碍

1. 了解沟通障碍

(1)心理障碍：恐惧和害怕、嫉妒和自卑、自负和孤僻都是常见的人际沟通的心理障碍。

(2)语言障碍：语言是最重要却又最难掌握的沟通工具，由于人们语言习惯和修养上存在差异，即使使用同一种语言，不同的教养、职业、身份对语言的使用也有相当大的差别。

(3)情绪障碍：情绪涵盖的不只是精神层面，影响个人感受，还影响认知思考、行为表现。

(4)认知障碍：由于价值观和立场不同，同样的事情，不同人的看法是不一样的。

语言障碍

(5)文化障碍：如果不了解彼此的文化，很容易造成沟通双方的误解。

2. 克服沟通障碍

很多时候，和别人沟通后，结果总是不尽人意，达到的效果也大打折扣，甚至南辕北辙。如图 1-1-2 所示为沟通漏斗，采取以下措施，提高沟通效果。

(1)简化语言：心理学认为，一个人注意力只有十分钟，现代生活节奏这么快，我们讲话一定要有重点。可以采用 5W1H 原则：［WHY］目的、［WHEN］合适的时间、［WHERE］合适的地点、［WHO］表达的对象、［WHAT］内容、［HOW］合适的方式。

（2）主动倾听：沟通最难的部分在于如何听出别人的心声。

（3）积极反馈：对于一个完整的、有效的沟通来说，除了"表达"和"倾听"，还必须有反馈，给予反馈要注意针对对方的需求，反馈要具体、明确，要有建设性。

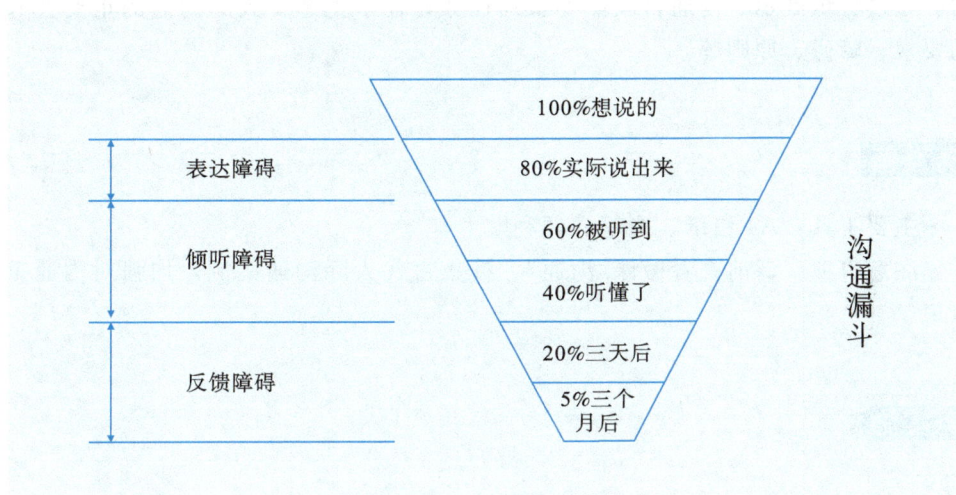

图 1-1-2　沟通漏斗

七、沟通从心开始

（1）诚信心：相互信任是良好沟通的桥梁。缺少信任，就不能通心、知心，沟通就不会有好效果。沟通中的信任主要体现在：重诺守信，最忌怀疑，严禁欺骗。

克服沟通障碍

（2）尊重心：尊重上级是一种天职，尊重同事是一种本分，尊重下级是一种美德，尊重所有人是一种教养。尊重他人是崇尚道德的一种表现，可以使我们拥有自尊和自信。

（3）包容心：包容彰显浑厚，包容是成功者必备的心态。

（4）同理心：《论语》有言，"己所不欲，勿施于人"，这句话讲的就是同理心。与人沟通需要掌握三不原则，不批评、不责备、不抱怨。

（5）合作心：现代社会分工越来越细，整个社会的大趋势就是合作，只有合作才会在竞争中取得胜利，取得双赢的沟通之果。

总之，用"五心"理解对方，就会形成一条畅通无阻的沟通纽带。

任务分析

　　沟通是各种技能中最富有人性化的一种技能，已经渗透于人们的一切活动中。人际沟通是职场的重要能力，往往是被人关注的开始，人际沟通可以体现出对他人的尊重，也是工作中的润滑剂。要成为一名优秀的职场精英，必须具备良好的沟通能力。通过分组展示、沟通自画像等系列任务，让学生感受人际沟通的重要性和沟通的要素、障碍、原则等。

任务准备

　　· 主要工具：A4白纸、彩笔、便利贴。
　　· 注意事项：课前查看微课"沟通"，搜集古代人际沟通案例，加强对沟通重要性认识。

任务实施

一、人际沟通情景模拟练习

　　步骤一：创意分组展示。根据个人特长自主分组，选好组名（诚信、和合、友善、崇礼、自律、仁义等）、口号、组长，并在班级展示。
　　步骤二：你眼中的沟通。画出你眼中的沟通画，给出三个相关的词汇；给大家展示沟通画，说明理由是什么，教师总结沟通的定义和要素。
　　步骤三：明确沟通障碍。"你说我画"游戏，全班同学听同一同学指令完成两次画作，第一轮不得提问，第二轮可以提问；完成后请大家展示，跟原画对比差异，讨论沟通过程中的障碍是什么。
　　步骤四：掌握沟通原则。各组找出一个人际沟通的案例，讨论沟通案例成功或者失败在哪里，进行情景模仿，在课堂展示，并总结沟通原则。

二、人际沟通情景模拟注意事项

　　(1)提前扫码做相关沟通测试题，对自己的沟通有一个初步认知。
　　(2)查看相关在线沟通课程资源，对沟通要素和沟通障碍有基本概念。

人际沟通能力测试题

（3）小组成员搜索人际沟通案例，分角色进行扮演，分析案例中不同人物之所以有不同表现的心理特征的原因。

任务评价

（1）做评价：按照人际沟通要求，对照下表打分。

（2）找问题：若活动耗时较长（不能在30分钟内完成），该如何改进？分析一下被扣分的原因，应该如何补救？

任务评价表

内容	分值	要　点	自评	互评	师评
创意分组展示	30	①任务下达后快速成组； ②展示有流程、礼仪规范； ③能清晰阐述分组原因、组员配合默契			
你眼中的沟通画	20	①画面干净，有名字、学号、基本信息； ②画面有三个关键词； ③表达逻辑性强、有条理			
古代沟通故事	20	①在规定时间完成组内个人古代沟通故事分享； ②小组挑选的古代沟通故事有代表性； ③小组代表展示有深度，对现代有启示作用			
沟通的原则	30	①小组在规定时间内完成人际沟通案例搜索； ②小组分角色进行人际沟通情景扮演； ③进行课堂展示并剖析人物行为背后的心理因素； ④团队配合默契，展示精彩，分析到位			
自我认知（反思自己人际沟通障碍）					
收获与改进（如何提升人际沟通能力）					

能力拓展

（1）做人际沟通能力提升计划表，并定期进行自查。

（2）做出你感兴趣的文旅相关岗位的人际沟通能力思维导图。

模块二

加强公共沟通

在公共沟通中，信息的发送者向听众传递信息，只有在互惠互利、真诚合作的基础上真实地传播信息、协调沟通，才能实现良性循环。诚信在公共沟通中被视为自身的行为规范和道德修养，"诚即天道，天道酬诚"。对于即将入职文旅行业的学生而言，树立诚信意识，塑造得体的面试形象，掌握面试和演讲礼仪，才能在职场中更加游刃有余。学生对面试中常见问题回答技巧的灵活性、演讲的流程和技巧都需要通过多次的模拟训练来提高。

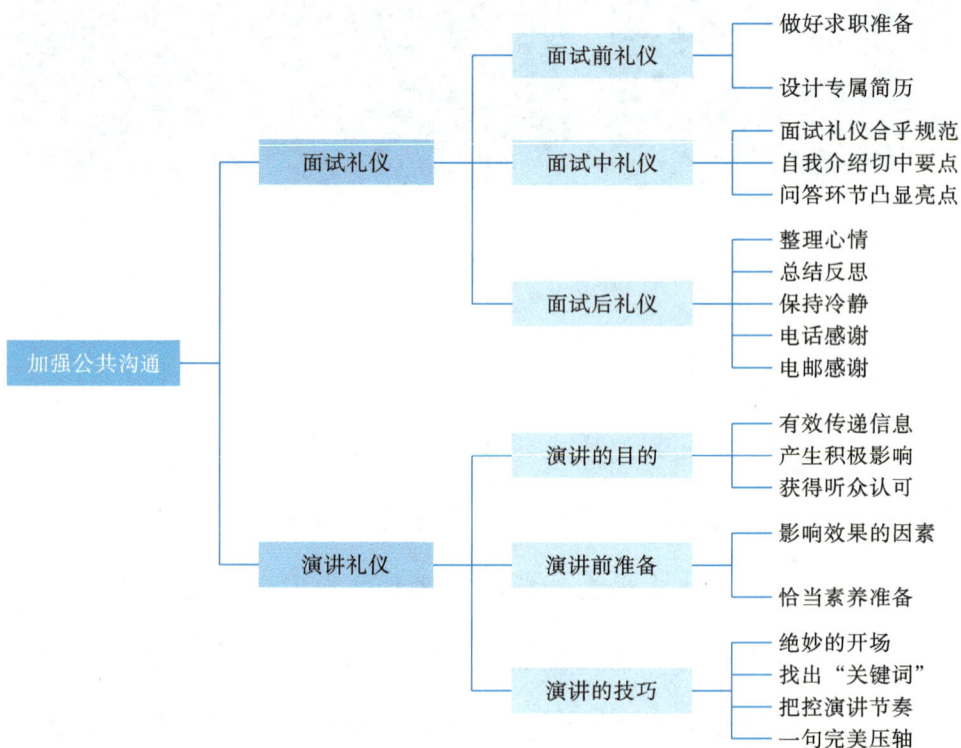

任务二　面试礼仪

学习目标

(1)认识到诚信在面试礼仪中的重要性，强化职业素养和职业规范。

(2)掌握个体面试前的准备、面试中的礼仪、面试后续礼仪等知识。

(3)加强情景模拟练习，激发团队合作意识、职业责任感和学习成就感。

(4)能够塑造得体的面试形象，掌握面试礼仪，为顺利进入职场奠定基础。

任务导入

　　小王去面试一家国际旅行社的导游。他自我介绍说："我这个人喜欢旅游，熟悉各处的名胜古迹，全国的风景名胜几乎都去过。"面试官很感兴趣，就问："那你去过云南大理吗？"因为面试官就是大理人，对自己的家乡再熟悉不过了。可惜小王根本没去过大理，心想若说没去过这么有名的地方，刚

面试礼仪的基本原则

才的话不久成了吹牛了吗？于是硬着头皮说："去过。"面试考官又问："你住的是哪家酒店？"小王再也回答不上来，只好说："那时我是住在一个朋友家的。"面试官又问："你的这位朋友在大理的什么地方啊？"小王这下没词儿了，答非所问，结果自然是可想而知……

　　思考：

(1)小王在这次面试中失败的主要原因是什么？

(2)面试前、面试中、面试后分别应该注重哪些礼仪？

相关知识

一、面试前的准备

　　好的开头是成功的一半，在进入面试单位前就应该做好准备。面试前做好求职准备、根据求职岗位设计专属简历可以给整个面试过程锦上添花。

1. 做好求职准备

求职前需认清就业形势、摆正心态，树立积极主动的求职意识、排除择业的心理偏差和心理障碍。同时，要充分认识自己、了解应聘公司、分析岗位需求，做到知己知彼；提前准备资料，如公司的宣传材料，求职信、个人简历、身份证、学历学位证书，以及拟询问对方的问题；身着求职岗位的标准套装，保持完美的职业化仪容、仪表（图 1-2-1 和图 1-2-2）。

知己知彼

2. 设计专属简历

针对求职岗位量身打造个人简历，简历内容要完整、照片选择要慎重、自我评价要客观；投递简历时要用真实姓名、标注应聘岗位并选择合适的时间发送。

简历内容完整

图 1-2-1　资料准备

图 1-2-2　仪表准备

二、面试中的礼仪

进入面试单位要留心每一个细节，争取给面试官留下良好的第一印象。面试礼仪需合规范、自我介绍要切中要点、问答环节应凸显亮点，整个面试过程需注意自己的表情、手势与举止，保持适度的微笑。

遵循面试礼仪

1. 面试礼仪合乎规范

进入面试官办公室前先敲门，经允许后进入，关门动作轻而稳。见面时向面试官微笑致意并问好，经面试官示意允许后，轻缓落座。上身保持直立，身体背部与椅背平行，男士微分双脚，双手放在大腿或者桌面上，女士并拢双膝端坐，双手自然放于大腿，五指并拢（图 1-2-3 和图 1-2-4）。

面试时求职者应当礼貌平视面试官，注视的部位最好是面试官的鼻眼三角区，目光平和而有神，专注而不呆板，眼神不因紧张而飘忽不定，注意不要斜视、俯视或仰视。

图 1-2-3 正确落座

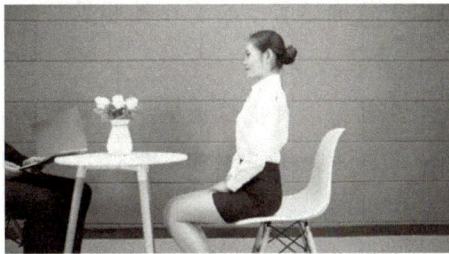

图 1-2-4 女士坐姿

在面试官讲话的过程中适时点头示意既是对对方的尊重，也可让对方感到求职者的风度，诚恳、大气、不怯场。当面试官介绍公司和职位情况时，更要适时给予反馈。

2. 自我介绍切中要点

面试中的自我介绍要简明扼要、谦虚谨慎、切中要点，态度一定要自然、友善、亲切、随和，在短时间内让面试官了解自己的能力、特长，以 1～2 分钟为佳，切忌长篇大论、虚张声势。说清楚 3 点即可：简单背景介绍、公司为什么要选择你、你为什么要选择公司。

自我介绍秀自己

3. 问答环节凸显亮点

面试官通过问答了解求职者的价值观、专业性等，以便做出全面评估。求职者可以充分准备常规问题，在回答问题的过程中，掌握以答为主、以问为辅的问答技巧，简洁而实际，尽可能展现出本人的亮点。

三、面试后的礼仪

1. 整理心情

面试结束只是完成一个阶段，如果向几家公司求职，则必须调整心情，全身心投入第二家的面试准备工作，在未有 offer 之前，不应放弃其他机会。

2. 总结反思

反思自己在面试中的表现，和其他求职者的差异，总结自己的优势和劣势，这可以帮助求职者完善自己的认知，对下一次面试非常有帮助。

3. 保持冷静

求职者在面试结束的这一段时间里一定要耐心等候消息，不要过早打听面试结果，以免让面试官产生不好的印象。

4. 电话感谢

求职者可以在面试后的一两天之内，给面试官打电话表示感谢，加深面试官对求职者的印象，电话感谢要把握合适的时间，内容要简短，最好不超过两分钟。

5. 电邮感谢

在面试结束后 24 小时内，发一封电子感谢信，不仅可以表达真挚的感谢，也可以作为求职进展跟进的小手段。

任务分析

面试是成功求职的关键一步，求职者除了要具备良好的专业素养外，掌握面试礼仪也是非常必要的。通过模拟训练，可让学生掌握文旅从业人员的面试规范和技巧，为步入职场奠定坚实基础。教师设置文旅行业岗位，如导游、计调、销售等，学生分小组自选岗位，讨论情景剧本并分配角色（每组要有面试官、求职者），面试官设定题目向求职者提问，按照面试前、中、后顺序，进行个体面试礼仪情景模拟练习。小组展示完成后，通过小组自评、组间互评、教师点评等方式综合评价，让学生在讨论与体验中，激发团队合作意识、职业责任感、诚信意识及学习成就感。

任务准备

- 练习环境：礼仪实训室、面试桌椅、垃圾桶、电话等。
- 准备工作：招聘企业情况、需求岗位情况、面试问题、着装准备、个人应聘资料等。
- 注意事项：课前查看微课"助力个体面试"，加强对面试礼仪重要性认识。

任务实施

一、导游岗位个体面试礼仪情景模拟练习

1. 面试礼仪情景

某西安旅行社，主营西安地接业务。因公司业务发展需要，现招聘研学导游 1

名，主要工作内容是带领游客参观陕西省历史博物馆、兵马俑、碑林博物馆等，深入讲解历史故事；获取游客评价，不断优化提升讲解内容。任职要求包括具有导游证；具有旅游相关专业背景；富有亲和力、幽默感；有一定的领导力。

2. 双方角色分配

面试官 3 人(面试官 1、面试官 2、面试官 3)，已在面试间就座，等待求职者进入面试现场。桌面上摆放着待提问问题：请做 2 分钟以内的自我介绍；对陕西省历史博物馆、兵马俑、碑林博物馆等了解多少？有无带研学旅行团的经验？

求职者 3 人(求职者 1、求职者 2、求职者 3)，提前了解该西安旅行社的情况，带上了专门为此次导游岗位面试设计的个人简历、导游证，穿着适合导游讲解的全套正装，打理好发型、完成面部妆容，提前 15 分钟到达等待室候场。

3. 面试礼仪流程

如图 1-2-5 所示为面试礼仪实训流程图。

二、个体面试礼仪情景模拟练习流程

步骤一：讨论情景剧本。小组自选求职岗位，讨论剧本，确定招聘企业情况、需求岗位情况等，分配面试官、求职者角色。

步骤二：双方做好准备。面试官准备面试问题，求职者根据岗位需求按标准着装，准备求职信、个人简历等资料，实事求是，杜绝弄虚作假。

步骤三：明确面试流程。教师为学生设置模拟环节，让学生明确面试流程，依次是礼貌进门—微笑问候—优雅落座—自我介绍—问答交流—结束离开。

步骤四：小组情景模拟。在礼仪实训室，以小组为单位，按照剧本和面试流程完成情景模拟练习。

三、个体面试礼仪情景模拟注意事项

(1)按照求职岗位的标准着装，保持完美的职业化仪容仪表，避免服饰怪异或不对称、不搭配、不干净。

(2)得体运用仪态和谈吐礼仪，树立良好的职业形象，避免慌里慌张、毫无表情、左顾右盼、面带疲倦、哈欠连天、大声喧哗等。

(3)小组成员讨论面试全程的表现，相互点评，互相学习，整体提高。

求职者1（女）面试礼仪

01 礼貌进门

面试时间快到了，求职者1提前到达面试间门口，整理着装，调整微笑表情，左手拿简历等个人资料，身体微微前倾，用右手食指弯曲有节奏地"咚咚咚"敲三下。
面试官1：请进。
求职者1轻轻推开门，面向3位面试官，并把门轻轻关上。

02 微笑问候

求职者1：各位面试官早上好！（微笑致意）
3位面试官：你好！

03 优雅落座

面试官1：请坐！（右手指向面试间中间的一把椅子，示意求职者1入座。）
求职者1：好的，谢谢！（求职者1稳健而轻松地走向椅子，从椅子左侧进入，再次整理着装，轻而缓地坐在椅子的2/3处，上身保持直立，身体背部与椅背平行，并拢双膝端坐，双手自然在大腿交叠，五指并拢，直腰挺胸，嘴唇微闭，下颌微收，姿态平和，目光向前平视3位面试官。）

04 自我介绍

面试官2：请你介绍一下你自己，时间控制在2分钟以内。
求职者1：好的，谢谢！我是来自xxx学院旅游管理专业大学三年级的求职者1，在西安浓厚的历史文化底蕴中长大，非常热爱文旅行业，希望能将自己学到的专业知识发挥在家乡的旅游业发展中。我在大二上学期一次性考取了导游证，实地走访过陕历博、兵马俑、碑林等博物馆，了解相关历史文化知识，并在大二下学期参加了学校统一组织的带团实训课程，一共带过5次中小学研学旅行团，积累了一定的实践经验。贵社是我在校听多位老师常常提到的西安最有名的地接旅行社之一，尤其擅长研学旅行团业务，我非常希望能在贵社学习提升进步，贡献自己的一份力量。（简明扼要、切中要点。）

05 问答交流

面试官3：你们学校组织你们带过研学旅行团是吗？
求职者1：是的，我们有带团实训课程，也是在拿上导游证后真正参与了带团实践。（认真倾听、给予反馈。）
面试官1：你对陕历博、兵马俑、碑林等博物馆了解多少？
求职者1：陕西历史博物馆，西安是十三朝古都，拥有中华文明最灿烂的周秦汉唐皆建都于此，能让游客同时感受到这些历史的地方，唯有陕西历史博物馆，尤其在参与国宝藏后，成为了真正的网红地，这是一所专门讲述陕西历史的国家级博物馆。兵马俑的全称是秦始皇陵兵马俑博物馆，位于西安东北方向的临潼区，距离西安四十公里左右。兵马俑是秦始皇陵的陪葬品之一，目前已经发现了三个坑，展示的是秦国时期士兵的真实风貌。三个俑坑分别代表不同的身份，有士兵、有指挥所，还有尚未挖掘的兵马俑坑。作为秦国后最重要的任务之一，兵马俑的制作体现了当时手工艺极高的水准。碑林博物馆是陕西创建最早的博物馆，以收藏、陈列和研究历代碑刻、墓志及石刻为主，成为在中国独树一帜的艺术博物馆，红瓦砖墙，自成一处独立的庙宇。（体现出专业性。）
面试官2：看来你的专业知识还是很扎实的。
求职者1：谢谢，我们在校学习了一些理论知识，更多的还是要在实践中继续学习。（微笑点头致意，诚恳、不怯场。）

06 结束离开

面试官3：好的，谢谢，我们公司也非常希望招到专业知识扎实且有带团经验的人，今天面试先到这里，请回去等通知吧。
求职者1：好的，谢谢你们！（微笑点头致意、轻缓起身离座，走出面试间，轻声关门。）

求职者2（女）面试礼仪
……（按照上述6步骤展开）

求职者3（男）面试礼仪
……（按照上述6步骤展开）

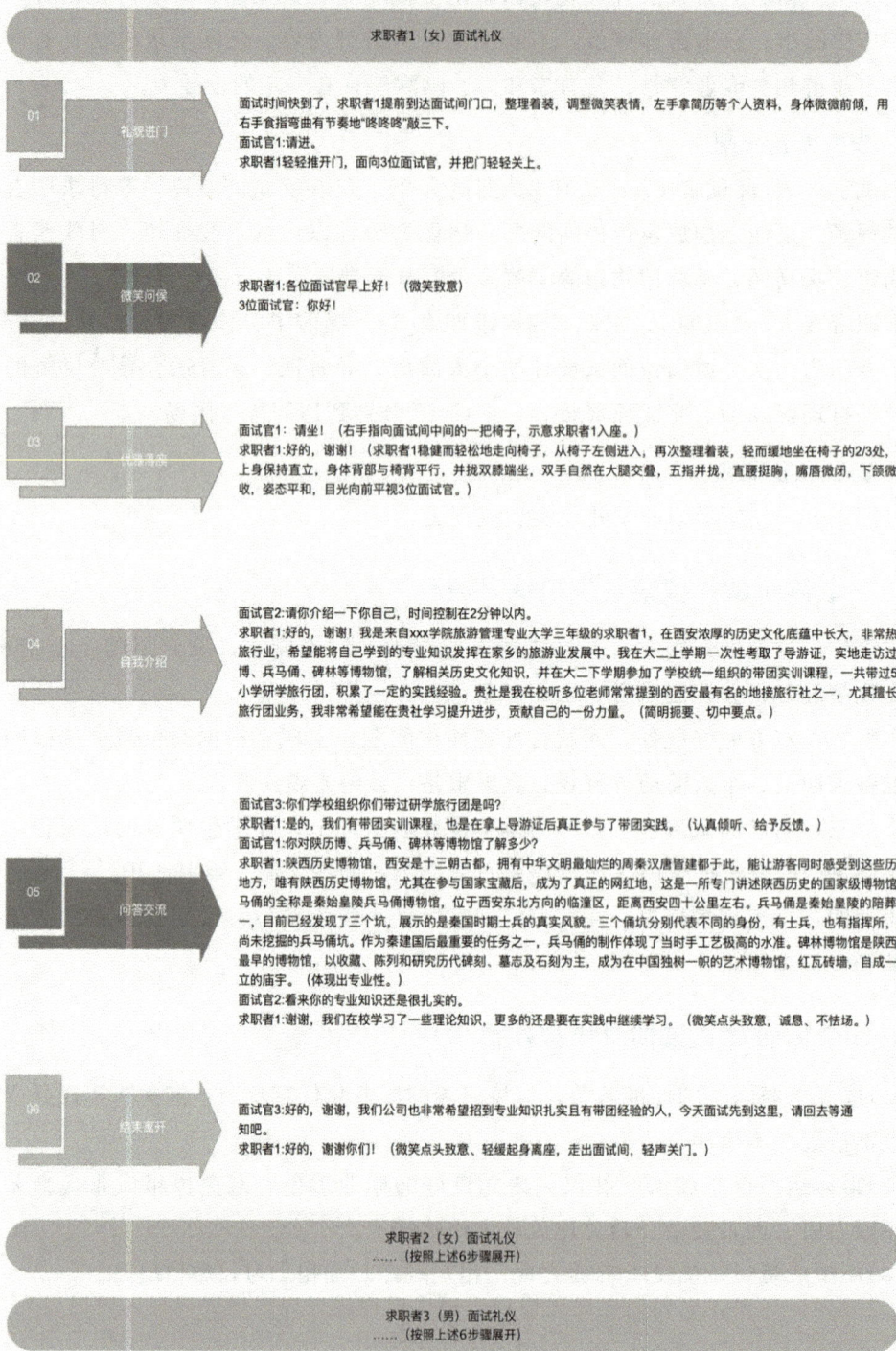

图1-2-5 面试礼仪实训流程图

任务评价

（1）做评价：按照面试礼仪要求，对照下表打分。

（2）找问题：若面试中出现差错，分析被扣分的具体原因，以后该如何改进？

任务评价表

内容	分值	要 点	自评	互评	师评
资料准备	15	①对应聘单位、求职岗位有正确认知； ②资料准备充分，无错、漏情况； ③求职信、个人简历与岗位需求贴切			
仪容、仪表准备	10	①根据岗位需求按标准着装、服饰大方整齐合身； ②妆容得体、仪容符合求职岗位需求			
面试中的礼仪	40	①进门先敲门； ②待人态度从容，有礼貌，面带微笑； ③从容落座，坐姿正确； ④目光平视面试官，神情专注，认真倾听； ⑤自我介绍清楚，音量适中； ⑥举止行为得体，需要手势时适度配合； ⑦回答问题准确，语言表达清晰； ⑧临场应变灵活，面试过程流畅			
面试后续礼仪	15	①礼貌地与面试官致谢； ②轻声起立并将座椅轻推至原来位置； ③打电话感谢			
整体情况	20	①情景剧本完整、真实； ②情景模拟自然、流畅			
自我认知（正确认识自我、有个人规划意识；诚信意识；团队协作能力等）					
收获与改进（仪容、仪表；问答技巧等）					

能力拓展

(1)明确提前制订职业生涯规划和量身打造求职简历的意义。

(2)梳理面试中最常被问到的十个问题并结合自身实际给出答案。

(3)思考个体面试和群体面试的区别，准备群体面试该着重关注哪些面试礼仪？

群体面积第一阶段　　　　群体面试第二阶段　　　　群体面试第三阶段

任务三　演讲礼仪

学习目标

(1)提高个人表达能力和沟通能力。
(2)掌握演讲的方法和技巧，能够在演讲时与听众良好互动。
(3)能够根据场合，发表有效的演讲。

任务导入

　　小刘是一名大学生。学校要举行题为"自信风采，青春校园"的演讲比赛。本次比赛由国内知名企业赞助，企业人力资源部的领导也会作为特邀评委出席比赛。作为即将毕业的大学生，小刘的同学们都摩拳擦掌，跃跃欲试。但是小刘却没有足够的动力和自信参加这次比赛。她对于如何做好这个时长5分钟的演讲毫无头绪。

　　思考：
(1)演讲对我们生活和工作有什么重要意义？
(2)如何做好演讲？

相关知识

一、演讲的目的

　　每一位演讲者，都希望能够通过自己传递的信息，对听众产生积极的影响力，用魅力征服听众，从而实现自己的理想。

1. 有效传递信息

　　演讲是一个信息传递的过程。一个成功的演讲，必然要事先考虑听众的预期和接受能力。演讲者用语言让听众接收他想表达的观点，达成信息流通。

2. 产生积极影响

　　如果仅仅考虑信息是否传递出去，还不能称之为演讲。只有引起听众的共鸣，甚至在演讲后，听众的某些想法或行为发生了演讲者期待的改变，才可称得上初步实现了演讲的目的。

3. 获得听众认可

演讲不仅是语言艺术的表现，更是个人风采的展示。好的演讲者所展示出的个人魅力会对听众产生更深层次的影响，使演讲更具说服力。

二、演讲前的准备工作

1. 影响演讲效果的因素

（1）演讲对象：事先了解听众群体是必要准备。了解听众的年龄层次、受教育程度、文化背景等，能达到事半功倍的效果。演讲需围绕与听众相关、对听众有用的话题展开，以此抓住听众的注意力，实现演讲价值。

（2）演讲场合：根据场合设计演讲的语言和肢体语言，以及着装和发型。设想，在面试演讲环节穿 T 恤牛仔裤，举止放松随意和在小型聚会演讲时身着西装，使用大量专业术语，表情及语气严肃，都是不合适的。

（3）演讲场地：演讲者要尽快观察、熟悉演讲现场，及时捕捉现场信息，包括现场环境（时间、地点、场景布置）、听众、其他演讲者的演讲等，以对演讲内容进行适度调整，增加演讲的即兴因素。

2. 恰当素养准备

（1）知识素养准备：演讲者的知识积累、兴趣爱好、阅历修养与演讲的成功有着紧密的关系。许多演讲者感到演讲的最大困难在于没有演讲材料。这就要求我们关心时事，广泛阅读、不断学习，加强思想、道德、情感等修养。

（2）心理素质准备：公开演讲需要有稳定的情绪，有十足的信心，有必胜的信念，这样才能保证思路通畅，言之有物，情绪饱满，镇定从容。

三、演讲的技巧

1. 绝妙的开场

好的开始是成功的一半。常见的开场有以下几种：

精彩开场白

第一，提问式。会提问题的演讲者，往往能使演讲有意想不到的效果。提问内容要跟听众生活或利益产生联系。问题一定是能够自问自答的，避免尴尬。只有问对了，听众才会对你要传达的内容感兴趣。

第二，陈述式。给出数据、事实，甚至是一些惊人的观点引起听众注意，产生深刻印象。

第三，时序式。即过去、现在和将来。脱离当下是让听众跟随演讲者的思路进入情境的好办法，一起回顾过去或畅想未来，用对比突出演讲内容的价值。

第四，轶事式。以名人轶事开场。小故事大道理，带领听众过渡到主题。

第五，引证式。引用权威人物的名言或书的观点开篇，提升权威感。

2. 找出"关键词"

演讲者无论是讲出或解说有意义的事物，还是用好思想给听众传递希望或梦想，都不能拖泥带水，含糊不清，而是要找准"关键词"，说到点子上。

（1）概括。如果是即兴演讲，就可以围绕立题，迅速地在思绪中确定三个关键词，然后围绕这三个关键词分别展开，既不会忘词，也不会思路混乱。

（2）扣题。演讲时，即使你思绪万千，也要紧扣题目去抓取关键词。即使你想到的是长句子，也要把关键词找出来，而不要试图记忆长句子。

关键词提炼

（3）取舍。演讲时一定要舍掉无意义的故事、警句。过多的素材堆砌会让你陷入混乱与离题的困境。做好取舍，就能让思维聚焦到关键词上，让自己思路清晰。

（4）分解。演讲时只选三个关键词，或一句高度概括的话，把几个有价值的关键词囊括进去。比如，夸某人"他非常讨人喜欢：第一，他热情、聪明、上进且充满活力；第二，……"用这段话拿来夸人没错，可说到第二点，似乎就没有词儿了。因此学会分解"他非常讨人喜欢，第一，他待人热情……第二，他很聪明……第三，他积极上进……"要把"热情""聪明""上进"分开，然后各自纵深展开。

（5）串联。偶尔得到一个成语、俗语或姓名，可以将其作为一个关键词逐字分开解读。比如，流行的"白富美""高富帅"等就是使用这种方法创造的新名词。

（6）数字：数字串联法是在关键词的基础上，再用数字来串联，引起听众注意，使听众容易记住。如"一个中心，两个基本点""三个代表""四个现代化"。

一句话压轴

3. 把控演讲节奏

演讲最简单的四个节奏要素是：快、慢、轻、重。只有把这四个节奏调配好，演讲才能充满张力。适度的停顿也是演讲的一部分，可以使听众有思考的时间。

4. 一句话完美压轴

演讲要有始有终，结尾往往要比开头和主体部分更重要，内容要更有深度，语言要更有力度，方法要更巧妙，效果要更耐人寻味。有几种常见结尾方式：

（1）以"道具"结尾，诗词点缀。"道具"式结尾，即在演讲的结尾，用某一"道具"展开话题，其间以优美的诗词点缀，完美地结束演讲全文。

（2）以幽默结尾，活跃气氛。幽默式结尾，是用风趣幽默的言语作为结束语，在笑声中结束演讲。

（3）以故事结尾，辅以名言。以一个与演讲主题有关的故事结尾，再以名言警句升华主题。

　　（4）以高潮结尾，妙语相佐。结尾有高潮，演讲效果好。

任务分析

　　能够根据场合与观众特点准备演讲，表达自己的观点，或实现特定场合（如面试）中自我展示的意图是良好沟通能力的进阶体现。一个成功的演讲是对演讲者综合素质的考验，更是演讲者打动听众的绝佳机会。请结合自己专业特点，围绕"社会主义核心价值观在各行业中的体现"这一大主题，准备一个五分钟的演讲稿，需脱稿在班级公开演讲。

任务准备

- 主要工具：麦克风、电脑、投影仪等用品。
- 其他工具：相关资料道具、修饰个人仪表的化妆工具等。
- 注意事项：课前查看微课"演讲"，搜集主题素材，练习演讲技巧。

任务实施

一、演讲情景模拟练习

　　步骤一：准备演讲主题。根据听众的喜好和需要，结合演讲的场合特点，划定主题范围。在范围内选择自己擅长及爱好的方面，选定主题。

　　步骤二：进行关键词提取。选择三至五个关键词，高度概括演讲主题，展现表达的逻辑与条理，易于听众理解记住。

　　步骤三：写出演讲大纲。围绕关键词层层展开，由浅入深，形成逻辑框架。

　　步骤四：撰写演讲稿。挖掘围绕关键词的名言警句、故事经历、支撑数据等，充实大纲内容，加入真情实感，适当引申和升华主题。

　　步骤五：进行演讲展示。使用演讲技巧，从声音、语速、眼神、肢体、语言等各方面进行演讲展示。

二、演讲情景模拟注意事项

　　（1）根据演讲主题撰写演讲稿。

　　（2）学习演讲技巧，演讲要有真情实感。

　　（3）小组成员互相展示，相互给出合理建议，互相帮助，整体提高。

任务评价

（1）做评价：按照演讲要求，对照下表打分。

（2）找问题：若过于紧张不能完成演讲，该如何做？分析一下被扣分的原因，应该如何改正？

任务评价表

内容	分值	要　点	自评	互评	师评
主题	10	①主题鲜明，立意深刻； ②符合听众预期			
关键词	10	①突出主题； ②数量得当			
节奏	10	①语速适中，张弛有度； ②适当停顿，凸显重点； ③音量根据内容的重要性和听众的状态适度变化			
语言	10	①语言优美，描述精准； ②发音准确，声音悦耳； ③体现场合特点，与演讲内容及听众背景相匹配			
仪态	10	①落落大方，自然优雅； ②妆容、服装与演讲主题及场合相匹配			
内容	20	①内容丰满，言之有物； ②引言恰当，举例合理； ③首尾衔接，发人深省			
时间	10	在规定时间内完成，不提前或超时			
看整体	20	语气真诚，态度诚恳，肢体语言协调适度，演讲的感染力和说服力强			
自我认知（从选题、准备、微动作、心理素质、实际表现等方面）					
收获与改进					

能力拓展

（1）就热点问题发表个人观点，做到有理有据。

（2）确定主题，提前准备，进行课堂辩论赛。

（3）尝试主持不同类型的活动。

模块三
提升职场沟通

　　拥有踏实肯干、兢兢业业、任劳任怨等品质，拥有工作能力强、创新力强、执行力强等特质，已经成为在职场工作中站稳脚跟的基本要求，但是如果想在职场中大有一番作为，还有一项最基本而又最重要的条件，那就是职场沟通。在"打工人"的职场交往中，因各自职位职级高低的差异和利益与立场的差别，大家对事物的看法有不同的出发点、切入点、关怀点，冲突在所难免，因此职业发展还需要掌握必要的沟通技能。

同人不同命，成败皆沟通

- 提升职场沟通
  - 上行沟通
    - 上行沟通的含义 —— 自下而上的沟通
    - 上行沟通遇障碍
      - 渠道不畅引冲突
      - 惧怕"真话"惹麻烦
      - 心理距离度难题
      - 自身沟通存障碍
    - 上行沟通有技巧
      - 尊重权威，巧说真话
      - 学会服从，坚决执行
      - 头脑清醒，坦诚应对
      - 主动沟通，汇报轻松
  - 平行沟通
    - 平行沟通的含义 —— 组织内同层级或者部门间沟通
    - 平行沟通遇难题
      - 职场菜鸟新入职，触碰职场禁忌
      - 部门积怨由来久，工作推诿扯皮
      - 个人特质有差异，交流存在障碍
    - 平行沟通巧掌握
      - 识得庐山真面目，拨云见日早适应
      - 增强部门间交流，各个部门一盘棋
      - 加强员工间交流，全员劲往一处使

任务四　上行沟通

(1)面对不同个性的领导，学会切换沟通方式。
(2)掌握上行沟通要点，成为职场关键人物。
(3)把握团队力量开关，共同影响领导决定。
(4)尽心尽力爱岗敬业，坚守职业使命担当。

任务导入

　　某公司王总主持一项工作，需要半年左右的时间来完成。但阶段工作检查很不理想，便让办公室发文批评通报另外一部门的属下（抽调负责一个子项目），内部通报其办事不尽职。结果过了几天之后，真相大白，是王总冤枉了那位属下，王总十分后悔，决定亲自打电话向那个属下道歉。

　　这时一旁的李秘书得意地说："不用了，那份通报我根本没有发下去，因为我知道你会后悔的。"王总听了后如释重负，然后又怀疑地问她："压了整整两个星期？"李秘书说："是的。""那么最近发到北京总部的那几封信也压下了吗？"李秘书说："没有，因为我知道那些信是不该压的。"结果没想到王总大怒："这事是你做主还是我做主？"李秘书说："我做错了吗？"王总说："是的。"就这样李秘书被记了一个小过，只是没有公开。李秘书觉得自己满肚子委屈，逢人便诉委屈，不久整个单位都知道了这件事。结果，半月之后，李秘书就调走了……

　　思考：
　　(1)如何客观评价李秘书的做法？
　　(2)针对李秘书与王总之间不愉快的沟通，在上行沟通时应注意哪些问题？

相关知识

一、上行沟通的含义

　　如图 1－3－1 所示为职场上行沟通。上行沟通是一种自下而上的沟通，组织中的成员、群体通过一定的渠道与决策层进行信息交流，将信息从组织的低层级向高层级传递的过程，如下级向上级定期或不定期地汇报工作，对当前任务进行情况与问题的反映，此外，上级领导主动搜集信息、征求意见、听取汇报，也属于上行沟通。

图 1-3-1　职场上行沟通

二、上行沟通遇障碍

1. 渠道不畅引冲突

信息传递是沟通的目标任务，如果信息并未进行传递或接收，就意味着沟通尚未发生；信息理解是沟通的关键因素，如果信息并未被正确地理解，即使信息进行了多层传递，那此次沟通也并未成功。一个公司或者组织，因为管理层级过多导致下级的意见无法及时反映，或管理层对信息及意见的理解与下级本意相悖，都会引起沟通不畅。

2. 惧怕"真话"惹麻烦

有人认为当众提出领导问题，领导就会认为这是挑衅管理者权威，加之"多一事不如少一事""说多错多"等根深蒂固的偏见，故选择不说。其实一般情况下，领导都会迅速将问题集中到解决困难本身，而不会迁怒于提出问题的人。

3. 心理距离度难量

在职场中，领导自身的性格与员工自身的心态，让二者之间"心理距离"的把握变得有些困难。有的领导平易近人，有的领导盛气凌人。另一方面，下级想得到领导重用，却又怕关系太近引发他人背后关于自己的议论，也害怕同事因此而疏远自己；与领导走得太远，又怕自己的才能无法得到展示。

4. 自身沟通存障碍

在沟通过程中，下级的情绪、倾向、性格、气质、判断力、语言表达能力等都会影响信息的完整传递。例如因准备不够充分、知识经验缺失、表达能力不佳影响上行沟通的质量。

三、上行沟通有技巧

1. 尊重权威，巧说真话

领导要有威严与威信，他的威严与威信，主要源自他的人格魅力，但是下级对他的尊重，也是提升其威信的一个重要方面，有的下级在与上级的沟通中，单方面与领导称兄道弟，或当面揭露领导短处，这样的上行沟通效果会非常差；除此之外，还需要给予领导适度"恭维"，每个人的内心中，都有被别人表扬的渴望，下级需要找出领导的长处与优点，在适当时给予领导诚实而真挚的赞扬。

想和领导说真话，职场人必须学会迂回战术，无论有什么话想说，都必须先深思熟虑，不能心直口快，要在先肯定上司的基础上再迂回提出否定的意见，并且需要注意，说真话的时候还要懂得控制，点到为止即可。

2. 学会服从，坚决执行

作为一名员工，一定要先学会服从。所谓服从，就是上级的命令必须服从，不可自作聪明，认为上级指令不够合理因而不去执行。上级最希望听到的是"好的，没问题"或者是"收到，会及时完成"等话语，而不是找借口推脱。

3. 头脑清醒，坦诚应对

下级一定要有组织观念、团队精神和大局观，面对上级的批评，务必调整心态，虚心听取。一般来说，当上级的批评符合事实或者在私下批评时，下属比较容易接受，但是如果批评与事实有出入或当众批评时，下级比较容易有情绪，当面对这种情况时，需要注意以下几个方面。

（1）保持冷静头脑。坦诚面对，本着"有则改之，无则加勉"的心态，虚心听取。对于上级批评过程的内容和事实与现实违背或有误会的地方，应在事后进行私下沟通或者用进一步的工作去证明。

（2）学会换位思考。要懂得领导的良苦用心，不要将领导的批评看作是"成心和自己过不去"，或者有"干得越多，错得越多，挨批越多"的想法，其实上级问责，也只是在履行职责，并希望工作顺利推进。

（3）能够举一反三。在上级问责或批评后，要学会举一反三，要深刻查找自己的不足，避免同类问题再次出错。

4. 主动沟通，轻松汇报

（1）重视工作汇报。总体来说，工作分为短期和长期。针对短期工作，在工作过程中没有遇到任何问题及难处即在工作完成后立即向领导汇报；针对长期工作，则需要经常性汇报，一来可以让上级及时了解工作动态和进展，如果上级有了新思路和方法，也可以给下级给予及时指导，二来如果在工作中遇到不顺利的情况，上级可以与下级共同商讨解决办法。

（2）把握汇报时机。除上条根据短期、长期任务不同而在领导希望的时间节点送去信息之外，汇报时机还要注意应该在双方都愿意进行对话的时候，如果在领导正为某一件工作而烦心不已的时候汇报工作，沟通一定是不愉快的。

（3）做好万全准备。汇报的内容一定要提前准备好，要言简意赅、重点突出，要简明扼要的表达自己的观点，以便上级能在短时间内充分理解；汇报时务必充满信心，用自信去感染领导、征服领导；在阐述完意见后，感谢领导耐心聆听，表明这只是自己的建议，领导如果觉得不妥当，则坚决执行领导之前的方案。

任务分析

通过上行沟通，领导与管理层可以了解下级及整个组织的工作与运营状况，以便及时发现问题、解决问题；了解员工对工作与组织的态度和员工实际情况；营造民主式管理文化氛围，提升员工参与度与归属感，提高组织创新能力。因此，每一位职场人都需要完成富有成效的上行沟通。

任务准备

- 主要工具：纸、笔、独立办公室。
- 其他工具：桌、椅。
- 注意事项：需要 30 名学生；课前查看同人不同命——成败皆沟通案例，搜集上行沟通经典案例，加强对上行沟通的重要性认识。

任务实施

一、"这个错误谁买单"情景模拟练习

步骤一：描述相关案例。员工向上级汇报投资情况，上级未及时回复，员工便认为领导默认，造成公司利益受损，上级认为该员工擅自决策、组织资源运用不当，当看全体员工的面批评他，员工则反驳已经汇报过领导，是领导重视不够，故意刁难自己，现在是想甩锅给自己。

步骤二：学员自由分组。学员自由组合，5 人一组，每组选出一位领导者。

步骤三：分析问题根源。针对已经出现的公司利益受损事件，分析问题的根源是什么。

步骤四：找寻沟通步骤。当这个问题已经出现，下级应该如何正确地与上级进

行沟通？上级应该有什么样的处理方式？

步骤五：进行沟通实操。以小组为单位，以角色扮演方式，将小组形成的解决草案进行总结汇报。

二、"这个错误谁买单"情景模拟注意事项

（1）查看职场沟通课程资源，对职场沟通、上行沟通的概念及要点有基本认识。

（2）提前准备好有关上行沟通相关案例及技巧的文案。

（3）小组通过角色扮演呈现小组问题解决草案，授课教师及小组之间需要给出相关建议，互相帮助，整体提高。

"这个错误谁买单"
正确做法要点总结

任务评价

（1）做评价：按照上行沟通的技巧，对照下表打分。

（2）找问题：若草案完成时间耗时较长（不能在 20 分钟内完成），该如何改进？分析一下被扣分的原因，应该如何补救？

任务评价表

内容	分值	要　点	自评	互评	师评
团队契合度	30	①学员自由组合后团队的契合度如何； ②选出的领导者是否能肩负小组重任			
团队沟通讨论	30	①沟通中是否有主导发言者； ②沟通中有没有发言者； ③沟通过程是否存在独断专权； ④沟通过程是否可以换位思考； ⑤沟通过程是否激烈且有效			
团队草案呈现	30	①学员能否感受职场沟通氛围； ②草案是否能取得最好的沟通效果			
时间	10	20分钟内完成草案制订			
自我认知（沟通还存在哪些不足）					
收获与改进（上行沟通障碍及技巧的掌握情况）					

能力拓展

（1）下班后要着急回家接孩子并去医院照顾自己的母亲，领导突然派来一个他人也可以完成的工作，要如何正确地对领导说"不"？

（2）如果因工作能力强而被领导重用，却被他人在背后非议，要如何与这些人进行合理且有效的沟通？

拓展练习如何拒绝上级请示　　　　上行沟通小"套路"

任务五 平行沟通

学习目标

(1)学习职场新人沟通要点，完成从职场菜鸟到"得水之鱼"的转变。

(2)掌握平行沟通难点重点，实现"社交恐惧"到"社交天花板"的转变。

(3)做到齐心协力团结互助，实现直挂云帆济沧海的结果。

(4)做到尽心尽力爱岗敬业，保持初心，坚守职业使命与担当。

任务导入

项目经理：战斗在革命一线的同志，为了革命成功后能快速步入小康生活，你看这个基础设施能否再打造得完美一点？

开发人员：好好说话。（情绪平静。）

项目经理：能不能加个需求？你看……（话还没说完。）

开发人员：加不了。（听见加需求，有明显的情绪波动。）

项目经理：怎么就加不了？这又不是什么复杂的功能，我逻辑都给你想好了。（皱着眉头，非加不可的语气。）

开发人员：你项目上线周期定那么死，我现在还有好多接口没完成，哪有时间加啊？（抱怨，情绪不稳定。）

项目经理：那我也没见你们加班啊？再说这需求也不复杂啊，最多1天就能搞定！（鄙视的语气。）

开发人员：我在家加班不行吗？1天能搞定，你能你上啊！（爆发的边缘，声音分贝调高。）

项目经理：……（被噎着了，准备出绝招。）

项目经理：反正这是老板的要求，你要是不想加，那你直接去找老板吧。（同样用很大分贝的声音搬出老板，来展现自己的气势。顺手把笔记本往桌子上一扔，不再说话，因为再聊下去双方可能要打起来了。）

思考：

(1)项目经理与开发人员哪方有错？错在何处？

(2)针对项目经理与开发人员之间不愉快的沟通，平行沟通时应注意哪些问题？

相关知识

一、平行沟通的含义

平行沟通，又称横向沟通或者水平沟通，指组织内同层级或者部门间的沟通，同事之间就跨部门事务工作进行协商、协调，大多属于平行沟通。案例中的项目经理与开发人员之间的沟通，即为平行沟通。如图1-3-3所示为良性平行沟通，如图1-3-4所示为平行沟通受挫。

背后遭非议后产生争吵

图1-3-2　良性平行沟通

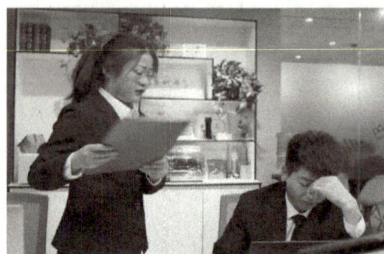

图1-3-3　平行沟通受挫

二、平行沟通遇难题

1. 职场菜鸟新入职，触碰职场禁忌

刚刚入职的新员工，尤其是刚从学校进入公司的新员工，可能会因为经验不足、应变能力不够、行动过分急躁等给同

初入职场禁忌

级员工留下不好的第一印象。一些刚步入社会的大学生，有时会存在自视过高、眼高手低的情况，过高评估自己，不但无法很快融入团队，还会让人有些反感。有一些新员工，进入公司后会有一种自我贬低的倾向，做起事来畏畏缩缩，与人相处时过于自卑，觉得自己相形见绌，由于过于自卑，给人一种莫名的疏远感，让同事不敢与其有更进一步的交往；有些新人刚到公司，对于本职工作及同事、领导交办的事情并不认真完成，时常敷衍了事，或用不熟悉公司业务的借口拖延，不按时保质完成，并且面对问责不仅不改进，反而认为是其他人在为难自己，这样就无法赢得领导及同事的好感。或有些新入职员工太爱表现，把握不好度，很容易产生与同事的矛盾。

2. 部门积怨由来久，工作推诿扯皮

部门之间的积怨或不能设身处地为其他部门着想，这是平行沟通最大的障碍。

例如，某公司的财务部和销售部长期缺乏沟通，两个部门之间因为一些事情长期扯皮，影响了公司的发展。财务部说销售部是"烂好人"，一些客户还未付完约定货款，销售部就已经将货物发给客户，这样客户的汇款时间会拖得很久，影响公司运营；销售部觉得财务部"太迂腐"，不考虑与客户的沟通，更不考虑客户维护，如果一味地以货款来限制，会造成客户流失。这就是典型的部门之间各自为政，以自己部门的目标为准，忽视其他部门或给整体组织造成影响。

3. 个人特质有差异，交流存在障碍

员工个人沟通能力及性格、气质、态度、情绪、见解等客观与主观心理因素差别，会制约信息沟通质量，一般存在以下几方面障碍。

(1)语言障碍。语言障碍除了口音差别外，还会因每个人在受教育程度、个人修养等方面的不同引起表达能力的差异，有些人在沟通过程中，缺乏必要的准备和思索，或者用词不当，让人不知所云。如果表述者讲述清晰，但信息接收人理解能力有欠缺，也会造成沟通不畅。

(2)方式障碍。在公司或组织中，有些员工较少与同事谈论自己的工作和生活，生怕与别人因交流过多而说错话，也害怕自己的经验被别人模仿，一直处于"提防"状态。此外沟通原则、方法使用不灵活也会造成沟通障碍。

(3)利益冲突。在工作时，在维护自身权益的情况下，也要维护同事的利益，有些人在公司斤斤计较，并且一看到同事的良好发展就眼红，到处搬弄是非。

三、平行沟通技巧

1. 识得庐山真面目，拨云见日早适应

众所周知，第一印象很重要，新入职人员要根据工作性质、职位选择适宜的服装，言谈举止应该表现得亲切、热情、有礼貌，待人接物要和善，并要学会挑选合适的话题，在和别人沟通时，体现自信和温暖的一面；在工作过程中，要踏实认真，多向他人虚心请教，有责任心，对于领导或同事交办的每一件事，不论大小，都要保质保量完成，在遇到难题时，切忌碍于情面，不懂装懂。对于同事或者上级提出的意见和建议，一定要勇于接受并且虚心改正。

2. 增强部门间交流，各个部门一盘棋

(1)管理层要加强沟通。部门与部门之间的问题有些是因为组织结构和职能设置，每个部门并不了解其他部门的整体运作及团队风格，首先要主动去了解其他部门的工作程序和要求，主动加强沟通意识，提升沟通能力与效果。

同事相处之道

(2)管理层要保持冷静。各部门的管理人员要明白即使是对方部门的过错，不要

一上来就问责，而是应该耐心地将重心放在解决问题上，而不是追究责任上。

（3）管理层要换位思考。各部门的管理人员要跳出自己的固有思维模式，要学会站在对方部门的角度考虑问题，设身处地地分析其他部门的实际困难与实际感受，这样不仅能获得其他部门的理解与信任，沟通也会变的顺畅。

3. 加强员工间交流，全员劲往一处使

（1）真诚待人，互相尊重。孟子云："爱人者，人恒爱之；敬人者，人恒敬之。"要处理好复杂的同事关系，必须要懂得真诚待人和尊重他人。同事间需要做到真诚相待，这些不仅表现在和同事的言语沟通方面，例如开朗的问候、挂在嘴边的谢谢等，还需要学会用心去和同事相处，尊重同事的决定、隐私等。

同级"恶意"竞争

（2）幽默处事，表达善意。幽默是相互关系的调节剂，用幽默的话语、乐观的情绪，化解同事沟通的一些尴尬。可以尝试通过建议或辅助帮忙等进行沟通，而且要学会表达善意，减少或打消对方的顾虑，使双方形成良好的沟通。同级之间在表达善意时，还体现在积极补位方面，即当工作存在"缺位"时，主动把"缺位"工作暂时承担起来，避免因"缺位"造成部门或者公司的损失。

幽默沟通

（3）透明竞争，权责分明。与同事的相处时，应在透明、公平的竞争环境中，各自完成本职工作、施展才华，通过工

权责分明

作能力、沟通方式等求得发展，切忌笑里藏刀、绵里藏针等。另外，和同事的沟通与相处还需注意权责分明，做事时候要做到尽力而为，踏踏实实做好本职工作。

（4）求同存异，解决矛盾。以宽容博大的胸怀和长远发展的眼光为原则，出现矛盾时要抛开成见，采取行动主动化解。其次要注意自我反省，看是否存在沟通或言语表达问题。最后可以寻找都能接受的"中间人"，代为传话，化解矛盾。

任务分析

顺畅且有效的平行沟通可以使办事程序、手续简化，提高工作效率；可以使部门之间相互了解，有助于培养整体观念和合作精神；还可以增加同事之间的互谅互让，培养员工之间的友谊，改善员工的工作态度。因此，每一位职场人都需要学会平行沟通。

任务准备

- 主要工具：纸、笔、独立办公室。
- 其他工具：桌、椅。
- 注意事项：需要30名学员；课前观看"背后遭非议产生争吵"小视频，搜集平行沟通经典案例，加强对平行沟通的重要性认识。

任务实施

一、"新人小许与资深员工的第一次摩擦"情景模拟练习

步骤一：描述相关案例。两个老员工议论新入职员工（小许）穿着、将经理布置给自己的任务强加到新员工头上，新员工在心中抱怨，工作效果不够好，领导对三个人进行了批评。

步骤二：学员自由分组。学员自由组合，5人一组，每组选出一位领导者。

步骤三：分析问题根源。针对已经出现的摩擦事件，分析问题的根源是什么？

步骤四：寻找沟通步骤。当工作已民经布置但摩擦尚未出现时，小许与老员工之间应该如何正确地进行沟通？老员工对小许的"评价"是否得当？当摩擦已经出现，领导已经问责，为了继续完成工作，小许与老员工应该如何正确地进行沟通？

步骤五：进行沟通实操。以小组为单位，以角色扮演方式，将小组形成的解决草案进行总结汇报。

二、"新人小许与资深员工的第一次摩擦"情景模拟注意事项

(1)查看平行沟通课程资源，对平行沟通的概念及要点有基本认识。

(2)提前准备好平行沟通相关案例及技巧的文案。

(3)小组通过角色扮演呈现小组问题解决草案，授课教师及小组之间需要给出相关建议，互相帮助，整体提高。

桌子与沟通

要点总结

任务评价

(1)做评价：按照平行沟通的技巧，对照下表打分。

(2)找问题：若草案完成时间耗时较长（不能在 20 分钟内完成），该如何改进？分析一下被扣分的原因，应该如何补救？

任务评价表

内容	分值	要　点	自评	互评	师评
团队契合度	30	①学员自由组合后团队的契合度如何； ②选出的领导者是否能肩负小组重任			
团队沟通讨论	30	①沟通中是否有主导发言者； ②沟通中有没有发言者； ③沟通过程是否存在独断专权； ④沟通过程是否可以换位思考； ⑤沟通过程是否激烈且有效			
团队草案呈现	30	①草案能否避免摩擦出现； ②草案能否解决已有摩擦； ③解决结果能否说服领导			
时间	10	20 分钟内完成草案制订			
自我认知（沟通还存在哪些不足）					
收获与改进（平行沟通障碍及技巧的掌握）					

能力拓展

(1)诸葛亮在《将苑》中写道："然知人之道有七焉：一曰，间之以是非而观其志；二曰，穷之占辞辩而观其变；三曰，咨之以计谋而观其识；四曰，告之以祸难而观其勇；五曰，醉之以酒而观其性；六曰，临之以利而观其廉；七曰，期之以事而观其信。"学习该部分并谈一谈体会。

(2)观看《三国演义》，总结诸葛亮加入团队后在平行沟通中运用的技巧与经验。

模块四
旅游人际沟通

　　旅行社与酒店、景区等都是为人们旅行提供服务的机构，人们的旅游出行活动不可避免地会与旅行社、酒店产生千丝万缕的联系。作为旅游服务人员，就需要通过良好的职业形象、超前的服务意识、娴熟的沟通技巧，使宾客产生美好而难忘的印象，塑造文旅行业"以宾客为本"的良好企业形象。

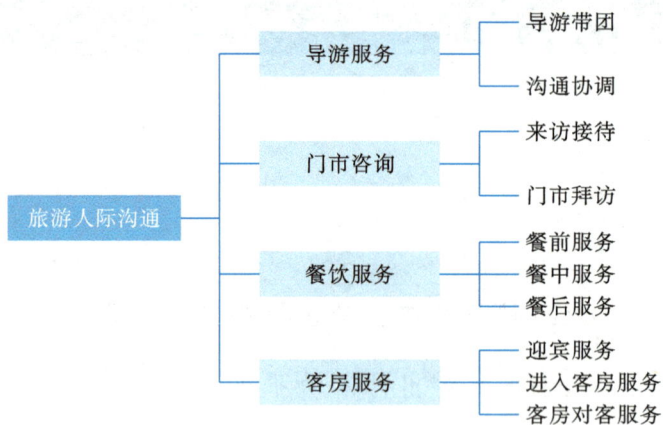

任务六　导游服务

学习目标

（1）认识到导游服务的重要性，强化职业素养和职业规范。

（2）掌握导游服务的基本规范和要求，包括迎送、讲解、用餐、住店、突发事件处理及沟通协调。

任务导入

导游的接机任务

导游小高受公司领导指派，去机场迎接一位重要客人，当他赶到机场时，飞机刚降落。由于赶时间，小高满头大汗，于是他敞开衣服、解开领带。见到客人后，小高热情握手、寒暄，并引导客人到达停车地点，最后把客人安全送到下榻的饭店，顺利完成了接待任务。

思考：

（1）导游小高在迎接客人时有哪些方面做得不符合导游服务规范？

（2）导游在迎接游客或重要客人时有哪些沟通要求？

（3）结合本案例，谈谈导游与游客初次见面时，应如何给游客留下良好的第一印象。

相关知识

导游是旅行社的灵魂。导游处在接待服务的第一线，导游服务和礼仪的表现对整个旅游接待服务工作的成败起着至关重要的作用。旅游专家认为："一名好导游会带来一次愉快的旅游体验，反之，肯定是不好的旅游体验"。国际旅游界将导游称为"旅游业的灵魂""旅行社的支柱"和"参观游览活动的导演"。

一、导游带团

1. 迎接

旅游团队接送是导游人员的一项十分重要的工作，接团工作的礼仪是否周全直接影响着旅行社和导游本人在客人心目中的第一印象；而送团则是带团的最后一项工作，如果前面客人都非常满意，但是送团出现了问题，同样会破坏旅行社和导游在客人心目中的形象，并使带团前期的努力白费。

导游迎客分为以下几个步骤：

（1）导游人员到机场、车站、码头迎接客人，到的必须比预定时间早，等候客人，而绝不能让客人等候接团导游。

（2）备好醒目的接团标志，最好事先了解客人的外貌特征、性别、装束等，当客人乘交通工具抵达后，举起接团标志或旗帜，向到达客人挥手致意。

（3）接到客人后，应说"各位辛苦了"，然后主动介绍自己的单位及姓名。

（4）介绍过后，迅速引导客人来到已安排妥当的交通车旁，指导客人有秩序地将行李放入行李箱后，再招呼客人按次序上车。客人上车时，最好站在车门口迎宾，需要时应用手护住门顶以防客人碰头。

（5）客人上车，待客人稍做歇息后，应详细介绍旅游活动的日程，或将日程表发到客人手上，以便客人了解游程安排、活动项目及停留时间等。为帮助客人熟悉城市，可准备一些有关的出版物给客人阅读，如报纸、杂志、旅游指南等。

欢迎词内容

（6）注意观察客人的精神状况，如客人精神状况较好，在前往酒店途中，可就沿途街景做一些介绍；如客人较为疲劳，则可让客人休息。

（7）到达酒店后，协助客人登记入住，并借机熟悉客人情况，随后将每位客人安排妥当。

（8）客人进房前先简单介绍行程安排，并宣布第二天日程细节。第二天活动如安排时间较早，应通知总台提供团队客人的叫醒服务，并记住团员所住房号，再一次与领队进行细节问题的沟通协调。

（9）不要忘记询问客人的健康状况，如团队客人中有身体不适者，首先应表示关心；若需要，应想办法为客人提供必要的药物，进行预防或治疗，以保证第二天游程计划能顺利实施。

（10）与客人告别，并将自己的房间号码和联系方式告知客人。

2. 讲解

（1）要注意树立自己良好的服务形象。导游人员从第一次接触宾客时起，就要注意自己的仪表风度和言谈举止，做到称呼得体、动作文雅、谈吐大方、态度热情友好、办事稳重干练，给游客留下良好的第一印象。

欢迎词展示

(2)工作走在前面。带团时，导游应提前 10 分钟到达出发地点，以便与领队交流沟通信息、协商工作。有礼貌地招呼早到的游客，听取他们的意见和建议，不断提高服务质量。

(3)端正讲解姿态。在旅游车上讲解时，应面对游客，而不能背对游客坐着。讲解时目光要巡视全体游客，不可仅注视一两个人。面部表情要亲切、自然，姿势要端正、优美，给人落落大方的感觉。

(4)要尽己所能为游客介绍景点。导游在工作中要尽职尽责，不可只游不导，应该充分发挥自己的口才，为游客介绍旅游景点。

(5)遵守职业道德。游客在旅游过程中，会选购一些有地方特色的旅游土特产以作纪念或馈赠亲友，导游应积极主动地给游客当好导购和参谋，将他们带到商品质量好物价公平合理的旅游商店，而不应该唯利是图，为了一点好处费，昧着良心违背职业道德。

3. 用餐

恰当的团队饮食安排能使旅游活动变得丰富多彩，加深游客对旅游目的地的良好印象。

(1)提前落实用餐的时间、地点、人数与标准。提前落实是对客人的尊重，也是对质量的保证，使客人一进餐厅就能得到热情的服务。

(2)了解客人的特殊要求。作为导游必须要了解客人的饮食习惯，针对游客的饮食特点尽量兼顾，以满足客人的要求。比如，老年人、小孩通常喜欢清淡的食物，年轻人大多喜欢口味重的食物，有些女性喜欢健康、绿色的食品。

从维护健康的角度，游客对于某些食品有禁忌。比如，高血压、高胆固醇患者要少食油腻的食物。不同地区的人的饮食偏好往往也有不同。比如，四川人、湖南人普遍喜欢吃辛辣食物。

(3)引导客人入座。引座是导游人员对客人的礼遇。导游应协助餐厅服务人员把客人引向事先预订好的位置，并热情介绍本餐厅及其菜肴特色，让客人有宾至如归的感觉。

(4)巡视客人用餐情况，及时解决可能出现的问题。为了能使客人满意用餐，导游人员不能在安排好客人后就自己去吃饭了，还应在用餐期间至少巡视一两次，以检查餐厅是否提供了标准服务，如发现问题或客人有不满意，应及时与餐厅联系寻求解决。

4. 住店

在旅店内，导游人员应当掌握相应的礼仪规范以展示自己良好的职业素养。

(1)介绍旅店设施。游客初来乍到，对即将入住的旅店心理期待较高，总有一种"在家千日好，出门时时难"的危机感。作为导游，在旅游车即将到达旅店时，应向客人介绍旅店的基本情况，包括旅店的名称、位置，距机场（车站、码头等）的距离，星级、规模、主要设施、服务项目及注意事项等，以满足游客的心理需求。

(2)协助办理入住手续。一般而言，入住手续应由领队或全陪导游办理，但地陪导游更为熟悉本地情况，理应协助办理，这也是对客人的尊重。同时，地陪协助办理，可掌握游客的房间号，以便及时为客人服务。

(3)安排运送行李。游客来到旅游目的地，大多带有大件行李。导游应等待行李送达旅店并仔细核对，督促旅店行李员将行李送入客人房间，以防出错。如果发现行李丢失，导游应安慰客人，积极帮助客人寻找，并为客人解决住宿中的困难。

(4)协助处理问题。安排好客人入住后，导游迅速离去是失礼的。因为游客入住后还可能会遇到一系列的问题，如发现房门打不开、房间不标准、房间设施不全或损坏、房间卫生没扫描或行李投错等。导游一走了之是不负责的表现。

(5)处理好与游客的关系。在游客住店期间，导游与游客既是主客，也是邻居关系。遇见游客，应主动打招呼；要注意观察动向，随时为游客提供帮助和服务；导游人员进游客房间，应事先电话约定，一般不随便单独进入客人的房间，尤其是异性；在游客房间里，不要触摸客人的行李物品和书籍，不要随意借用客人的电话。

5. 参观游览

导游需要告诉游客，到海外参观游览要入乡随俗、客随主便，不能强人所难，且在参观过程中，应专心听取介绍，不可因介绍枯燥或自己不感兴趣而显露出不耐烦和漫不经心，这是极不礼貌的；同时应广泛接触、交谈，以增进了解、加深友谊。游客们注意尊重对方的风俗和宗教习惯。如要摄影，应事先向接待人员了解有无禁止摄影的规定。

6. 处理事件

由于旅游活动有较多的不确定因素，加之需要协调衔接的部门、环节较多，很难预料在组织游览过程中，会发生怎样的突发事件。一旦突发事件发生，导游应该如何处理呢？

(1)出团前细致的准备工作。尽量在带团出游前对游览计划、线路设计、搭乘的交通工具、景点停留时间、沿途用餐地点等做出周密细致的安排，并根据以往的带团经验充分考虑容易出现问题的环节，准备好万一出现问题时所采取的对策及应急措施。

(2)配备相关的出团必需品。导游应准备一些常用的药品、针线及日常必需品等，应付附突发事件需要联系的电话号码(如急救、报警、票务、旅行社负责人、调度等)随时带在身上。

(3)了解旅游团成员情况。导游在出团前应亲切询问旅游团客人的身体健康状况，对老年团队成员尤其要细心，做好预防工作，避免在出团途中发生不必要的麻烦。

(4)强调游览活动的安全问题。游览有危险因素的景点或进行有危险的活动，如爬山、攀岩、游泳等，一定要特别强调安全问题，并备有应急措施。

(5)突发事件的处理。突发事件发生以后要沉着冷静，既要安抚客人，稳定客人情绪，又要快速提出周密的处理方案和步骤，尽量减少事件带来的负面影响。

7. 送客

(1)客人活动结束前，要提前为客人预订好下一站旅游或返回的机(车、船)票，客人乘坐的机舱、车厢、船舱尽量集中安排，以利于团队活动统一协调。

(2)为客人送行时，应使对方感受到自己的热情、诚恳、礼貌和修养。临别之前应亲切询问客人有无来不及办理、需要代为解决的事情，应提醒客人检查是否有遗漏物品并及时帮助处理解决。

(3)机场安检或火车、轮船开动以后，应向客人挥手致意，直至客人看不见自己了才能离开。如果自己有其他事情需要处理，不能等候很长时间，应向客人说明原因并表示歉意。

二、沟通协调

1. 预测游客心理

俗话说："凡事预则立，不预则废。"一名合格的导游，要圆满完成带团任务，并尽量使每个游客玩得开心、游得满意，应对所接团成员的姓名、国籍、民族、身份、年龄、性别、职业、文化程度等方面的资料进行详细了解，并对他们的旅游动机、心理需求、游览偏好等情况做出大致的预测，从而对旅游路线、景点停留时间、景点介绍的侧重点有一个全面的把握，以使整个接团工作在团队未来之前便已经心中有数。

2. 激发游客兴趣

游客游兴如何是衡量导游工作成败的关键。游客的游兴可以激发导游的灵感，使导游在整个旅游过程中和游客心灵相通，一路欢声笑语。相反，如果游客兴趣索然，表情冷漠，尽管导游竭尽所能，也收效甚微。

游客兴趣具有多样性和复杂性，同时也具有能动性。游客的兴趣由弱到强，并具有相对的持久性和稳定性，与导游的积极调动和引导有很大的关系。激发游客游兴的因素一是景观本身的吸引力；二是导游借助语言功能调动和引导。

另外，在游览过程中，要善于变换游客感兴趣的话题，可根据不同游客的心理特点，选择不同的话题：满足求知欲的话题、刺激好奇心理的话题、决定行动的话题、满足优越感的话题、娱乐性话题。

3. 调节游客情绪

情绪是人对客观事物是否符合本身需要而产生的一种态度和体验。旅游活动中，由于有相当多的不确定因素和不可控制因素，随时都会导致计划的改变。例如，有时由于客观原因导致游览景点要减少，游客感兴趣的景点停留时间要缩短；预订好的中餐因为某些不可控制的因素，临时改变为吃西餐；订好的机票因大风、大雾航班停飞，只得临时改乘火车……类似事件在接团和陪团时会经常发生。这些都会直接或间接影响到游客的情绪。导游要用言行化解客人不良情绪，比如，一个旅游团因订不到火车卧铺票而改乘轮船，游客十分不满，与导游形成了强烈的对立情绪。导游面带微笑，一方面向游客道歉，请大家谅解，解释说这是由于旅游旺季火车票紧张导致了计划的临时改变。另一方面，耐心开导游客："乘轮船虽然速度慢一些，但提前一天上船，并未影响整个游程，并且在船上能够欣赏到两岸的风光，相当于增加了一个旅游项目。"导游成功地运用分析方法，以诚恳、冷静的态度，幽默、风趣的语言，很快消除了游客的不满情绪。

任务分析

导游得体的语言、优雅的举止会为游客带来美的享受。导游需要根据不同的旅游情景，通过分析游客需求，有针对性地为客人提供细致周到的服务。

任务准备

- 主要工具：导游旗、电子导游证、导游识别卡、接机牌等。
- 场景：景区、酒店、机场、火车站、码头等。
- 注意事项：课前查看微课"导游服务过程"，搜集案例，加强对导游沟通的重要性的认识。

一、导游语言模拟练习

请你根据设定的不同导游服务情景，分别设计一句对应的服务语，并将其填写在表格中。

服务情景	服务语言
导游在机场接到客人后	
导游在致欢迎词时问候客人	
导游代表旅行社向客人表示欢迎	
导游在致欢迎词时表明愿意全力为客人服务	
导游祝愿客人旅途愉快	
游客询问导游能否在湖里游泳	
游客想单独前往夜市感受当地的文化	
老年游客不想跟团爬山	
游客在广场跟团旅游时丢了钱包	

二、导游机场接机模拟练习

请 3～4 人一组，分别扮演导游人员、领队和游客等角色，模拟游客抵达机场从大厅走出，地陪寻找客人、找到客人、引领客人到旅游大巴上的完整接待流程，并根据导游人员的操作要求进行总结凝练，填写表中的沟通要点。

服务情景	服务语言及沟通要点
游客航班抵达机场	
寻找客人	
与领队沟通	
找到客人	
寒暄	
引领客人到旅游大巴上	

任务评价

根据导游人员的沟通要点，结合任务的实施，完成以下评价表。

任务评价表

内容	分值	要　点	自评	互评	师评
准备和接机服务	40	①导游接机服务的规范； ②找寻游客的规范操作； ③称呼语的规范使用； ④问询语的规范使用；			
找到客人后的服务	40	①称呼语的规范使用； ②问询语的规范使用； ③应答语的规范使用； ④引领游客操作规范； ⑤沟通用语的规范使用			
旅游大巴上的服务	20	①清点人数的规范； ②欢迎词的规范使用； ③目光交流规范； ④欢迎词的内容完整			

能力拓展

(1)导游在讲解时应具备哪些沟通能力？

(2)导游与游客沟通时，应把握哪些沟通要点？

任务七 门市咨询

学习目标

（1）认识到旅行社门市咨询的重要性，强化职业素养和职业规范。

（2）掌握旅行社门市接待、门市拜访、语言和电话沟通礼仪。

（3）能够正确地在旅行社门市岗位工作中运用合适的礼节。

任务导入

某公司举行庆祝会，员工们集体在一家酒店住宿。

会务组深夜临时决定变动第二天的某项活动。为此，前台的服务员必须在深夜一个一个打电话，通知房间里的员工们。第二天，前台的服务员惊奇地告诉她的同事："你们知道吗？昨晚我给 145 个房间打电话，起码有 50 个接电话者第一句话是'您好，……公司'。在深夜里迷迷糊糊地接电话，第一句话依然是这样。这个公司员工的职业素养真是不简单哪！"

思考：

（1）为什么该公司大部分员工接到电话的第一反应都是"您好，……公司"？

（2）旅行社门市经营中，员工应该具备哪些基本的沟通能力？

相关知识

一、来访接待

旅行社门市接待是旅行社日常工作中的重要组成部分。有客来访，尤其是业务伙伴的到访，预示着新一轮的业务合作即将开始。作为接待方，旅行社必须全力体现出企业形象，增强可信度。

1. 门市接待

（1）认真做好准备工作。

当接治人员确知将有客户来临时，首先要去会客室检查一下应该准备的事情是否有所遗漏，在与客人约定的时间之前把一切准备工作做妥。

（2）选择合适洽谈地点。

进行旅游商务洽谈活动，如果不方便在旅行社接待，可以约客人到合适的场所会面。必须注意的是，约客人见面，应该提前到达约定的场所。宁可等候客人，也不可让客人等主人。

（3）接待人员有饱满的精神面貌。

作为旅行社门市的商务接洽人员，要时刻保持饱满的精神，主动行礼，微笑待客，对客人存有感谢的心态。

（4）态度要谦和亲切。

对于来访的同行或业务伙伴，应该像招待老朋友一样热情亲切地问候，让其感到对他们的重视。但是这种热情也要把握好分寸，过分的热情往往会适得其反，让客户产生一种高度戒备的心理。因此，对待不同的客户，要视具体情况采用对方能接受的态度。

（5）接待人员的待客之道。

来旅行社的客人应该礼貌对待，强调平等待客，慎重洽谈。客人未离开时不要谈论该客人的事。旅行社应该注意有些来访者的真正目的不是进行旅游洽谈，而是打听企业情报或商业机密。因此，对于客人的询问要慎重处理。接待客人时，说话要谨慎，在会谈中有来客时，要用字条代替传话，一来避免打断会场气氛，二来可保守机密。

（6）旅行社人员的形象要好。

在整个洽谈的过程中，接待人员要姿态规范，得体大方。正确使用目光、表情、手势、身姿、服饰等非语言信号，力争给对方留下一个好的印象。

旅行社门市人员仪容仪表要求

2. 咨询语言

（1）使用文明、礼貌用语。

当客人进入旅行社门市营业部时，应主动向客人打招呼致意："您好，有什么可以帮到您？"

当客人准备离去时，可以提出"请问还有什么问题吗"？"还有什么可以帮到您"？等问题。不管客人有无参加本旅行社旅游活动，都应该热情招待。送客时应该微笑起立，并说"再见"。

（2）使用适当的称呼。

与客人交谈时，一般要称"您"，以表示尊敬和客气。在交谈进入一定层次后，为了表示热情，拉近距离，可改称女士为"大姐"，男士为"大哥"。

（3）使用准确规范语言。

与非本地客人交谈时不能使用本地方言和口头禅，以免客人在理解上感到困难。回答客人的提问要确定、详细，不可信口开河、模糊不清。尽量不用"好像""大概"

"基本上"之类的词语。

(4)控制好谈话的语速和语调。

掌握良好的说话语速和语调有利于表现你的热情、稳重和专业。

3. 接打电话

接听、拨打旅游咨询电话是旅行社门店比较常见的工作。

(1)接听准备。

在旅行社门市工作,一般要在办公桌上放置纸和笔,随时准备接拨电话时使用。电话响三声之内应该接起电话。

(2)接听电话。

面带微笑迅速接起电话,注意接听电话的语调和速度,让对方也能在电话中感受到你的热情。拨打电话前列出要点,避免浪费时间。

(3)语言规范。

一般的礼貌规范语言如下:

"您好!这里是×××旅行社×××门市营业部,请问有什么可以帮您?"主动问候,报部门介绍自己。

"您放心,我会尽力办好这件事。"

"不用谢,这是我们应该做的。"

"×××不在,我可以替您转告吗(请您稍后再来电话好吗)?"如果你找的人不在,可以问一下对方什么时间可以再打电话或请其回电话,同时,可以将自己的电话号码和回电时间告诉对方。

"对不起,您打错号码了,这里是×××旅行社×××营业部……没关系。"

"感谢××先生的来电,再见!"感谢对方来电,并礼貌地结束电话。在电话结束时,应用积极的态度,最好使用对方的名字来感谢对方。

"您好!请问您是×××单位吗?"

"我是×××旅行社×××营业部,请问怎样称呼您?"如果想知道对方是谁,不要唐突地问"你是谁"。

"对不起,请留下您的联系电话,我们会尽快给您答复好吗?"

(4)注意事项。

当电话线路发生故障时,需向对方确认原因。当听到对方的谈话很长时,也必须有所反应,如使用"是的""好的"等回应,表示你在倾听。

须搁置电话时或让宾客等待时,应给予说明,并致歉。

转接电话应迅速。员工需先尝试自行解决电话问题,若无法解决,再转接至正确的分机上,并告知对方电话转接对象。

当手机出现未接电话时要及时回复,询问是否有要事等。

若非有要紧事，晚上十点后尽可能不要给客人打电话，以免打搅客人休息。

如果电话是找上级的，不要直接回答在还是不在，要询问清楚对方的姓名和大概意图，然后说帮您找一下。将所了解的情况告诉上级，由他判断是否接电话。

二、门市拜访

1. 着装要求

旅行社人员进行国际商务洽谈时，应注重服饰礼仪，需采用商务人士的着装风格。

2. 准确称呼

记住对方名字并正确称呼。不同国家的人名有不同的特点，在称呼时也应注意加以区分。在国际商务洽谈中，记住对方姓名是旅行社业务员必备的素质。

3. 明确目的

拜访前应有明确的目的，事先应做认真的准备，带好必要的资料，适时呈现给客户，以便对方选择和判断。

4. 遵时守约

拜访应事先预约，尽量避免失约。访问前去电联系，并事先约定时间、地点及参加的人员和身份。一经约定，不要随意变动，尤其是主要成员，去拜访时，应提前 5 分钟到达，因为许多人都以是否准时作为判断对方能否守信的初始标准。

5. 熟知礼节

外出拜访时，要携带足够的名片并正确使用，要注意名片的内容和正确的递接名片方式。名片上勿用缩写，涵盖旅行社名称、本人职位及头衔等信息。

6. 交谈得法

态度诚恳大方，言谈得体，注意主人的态度、情绪和反应，把握交谈技巧。

7. 喝茶礼节

欠身双手捧接茶杯，不要忘记说声"谢谢"，并且趁热饮用。

8. 用餐

出于礼貌，不要拒绝对方推荐食物。尽量遵循"桌上有什么吃什么，主人吃什么，你就吃什么"的原则。

9. 习俗禁忌

要了解对方的商务习惯和风格，以防触犯禁忌。

旅行社门市咨询程序与礼仪

任务分析

　　旅行社门市人员得体的仪态、合适的举止，以及热情而又稳重的语言沟通，会给潜在客户带来沉稳、专业的感受。旅行社门市服务人员需根据潜在客户的不同需求，通过分析潜在客户的特点，有针对性地对客人进行热情、大方、高效的服务。

任务准备

　　· 主要工具：工牌、旅游宣传资料。
　　· 其他工具：桌椅、沙发、办公电脑、网络。
　　· 注意事项：课前查看微课"旅行社"，搜集旅行社门市咨询案例，加强对旅行社咨询服务重要性认识。

任务实施

　　旅行社门市员工咨询程序如下：
　　(1)按规定着装、佩戴工作牌，保持个人清洁卫生，保持仪容端庄。
　　(2)目光应亲切自然，微笑并正视客人。
　　(3)对客人提出的涉及旅游和机票等问题，必须立即给出正确回答。
　　(4)不能满足客人的要求时，须从帮助的角度，给予客人合理解释并予以协助。
　　(5)客人浏览旅游宣传品，应保持观察，寻找时机以便进入交谈过程。
　　(6)客人较多时，招呼其他客人先坐下，或将有关资料呈上供客人查阅。
　　(7)在确定客人的行程计划时，要尽可能按照客户的要求提供服务。
　　(8)客人挑选旅游产品后，销售人员需按产品种类和价格迅速结算，引导客人付款。
　　(9)与客人道别时，应起立并道谢和祝福。

任务评价

　　(1)做评价：根据学习情况，对照下表打分。
　　(2)找问题：若旅行社门市咨询服务程序与咨询操作起来有困难(不能在15分钟内完成)，该如何改进？分析一下被扣分的原因，应该如何补救？

任务评价表

内容	分值	要　点	自评	互评	师评
使用文明、礼貌用语	25	①当客人进入旅行社营业部时，应主动向客人打招呼； ②当客人准备离去时，应起身询问："您好，有什么可以帮到您？"等			
使用适当的称呼	25	①与客人交谈时，一般要称"您"，以表尊敬和客气； ②开始交谈时，还应表现得热情			
使用准确和规范性的语言	25	①回答客人的提问要明确，避免使用模糊性话语； ②避免使用口头禅			
控制好谈话的语速和语调	25	①掌握良好语速； ②保持热情、稳重、可信的语调			
自我认知（审视模拟时语言流利、准确程度、措辞严谨与有效沟通程度）					
收获与改进（语速、语调、声音运用是否协调）					

能力拓展

（1）小组实地走访旅行社门市，观察门市接待人员的咨询和接待有哪些亮点，哪些还可以改进？

（2）按照旅行社门市工作岗位的要求，总结归纳接待人员见面咨询、电话或者网络咨询的要点和禁忌有哪些？

任务八　餐饮服务

（1）树立用心服务的意识，从细节出发改善餐饮服务质量。

（2）掌握酒店餐饮服务的具体要求和实施办法。

（3）能够掌握在提供餐饮服务时的沟通要求和细节，为宾客提供令其满意的餐饮服务。

小伟是酒店餐饮部新来的一名实习生，一天，他接待了几位来自南方的客人。小伟按照流程为客人倒茶水、上菜等，可是不知道为什么最后还是受到了这几位客人的投诉，小伟一时摸不着头脑。经过与经理的沟通，才知道原来这些客人认为，虽然小伟为他们介绍了菜品，但是介绍得并不是十分细致全面，也并没有询问客人用餐有无忌口等，导致这些来自南方的客人对很多带有辣椒的菜品吃不习惯，浪费了很多。此外小伟直接对着菜品说话，让客人感觉到很不舒服，小伟这才恍然大悟。餐厅经理并没有批评小伟，而是反思自己在工作中的失误——对实习生的培训还是没有到位。

思考：

（1）小伟按照餐厅服务流程为客人提供了餐饮服务，为什么最后还是受到了客人的投诉？

（2）除了以上提到的情况，你还能想象哪些餐饮对客服务过程中客人可能在意的服务细节？

一、餐饮服务人员形象塑造

酒店餐饮部门服务人员在对客服务过程中，首先应该注意塑造自身良好服务形象。餐饮业对卫生的要求十分高，干净明亮的餐厅环境、容光焕发的服务人员形象、干净卫生且富有艺术造型的菜品等，都会使客人拥有美好的用餐体验。

对于餐饮服务人员来说，要十分注意自身卫生（如指甲、头发），还有服装、妆容等细节，上岗前需对自身的仪容仪表进行全方位自检，以良好形象面对客人。

1. 检查个人卫生

餐饮服务人员在上岗前，要检查指甲、头发等细节，注意个人卫生。对指甲的要求是不能留长指甲，不能涂有色指甲油，保证指甲的干净整洁。对头发的要求是女性服务人员要把头发盘起来，男性服务人员应定期修剪头发。所有服务人员都应保证头发前不掩眉、侧不盖耳、后不及领，且干净、整洁、无头屑。

2. 检查工装细节

酒店为每位餐饮服务人员配发统一工装，在上岗前要检查工装的干净整洁度，确保没有纽扣掉落、袖口或领口有污渍等情况。如果发现工装有污渍、破损，应立即前往酒店制服房更换干净整洁的工装。

工装还包括鞋袜、铭牌等，要随时保持鞋袜的干净整洁。铭牌需固定在制服左胸口或酒店统一规定位置，不能有歪斜、掉落的情况。餐饮服务人员尽量不佩戴饰品，若佩戴，仅限造型简洁的手表或者结婚戒指，而且饰品尽量不要外露。

3. 注意妆容细节

酒店通常规定服务人员上岗前需化淡妆。部分注重服务细节的酒店，甚至会规定女性服务人员统一口红的色号和眼影的颜色。因此，餐饮服务人员上岗前要检查自己的妆容是否符合酒店的要求。此外，为保证客人能全方位体验菜肴的色、香、味，餐饮服务人员不得使用香水。

二、餐饮服务人员服务

为客人提供餐饮服务时，餐饮服务人员的服务重点体现在两方面：一是与客人的沟通语言，二是个人餐饮服务的操作。

1. 沟通语言

1）问候语

当客人来到餐厅，服务人员首先要做的就是问候客人。一句亲切、真情的问候，会让客人步入餐厅瞬间倍感温暖。服务人员使用问候语需遵循"时效性＋情境化"礼仪要求。"时效性"即依据不同时段调整问候语，如在早上/中午/晚间的时候可以分别问候客人"早上好/中午好/晚上好，欢迎光临××餐厅"。"情境化"即结合不同情境致以个性化问候。如在节日期间，可以问候客人"中秋快乐、新年快乐"等，当得知客人过生日的时候可以问候客人："祝您生日快乐！"如果是接待婚宴客人，则祝福新人"新婚愉快、白头偕老"等。总之，餐饮服务人员要结合具体的时间和情境向宾客致以个性化的问候。此外，如果是接待回头客或者常客等，可以加以宾客的姓氏问候客人，如"早上好，周先生，欢迎您再次来到我们餐厅"。但是要注意的是，在有的情况下，客人并不希望服务人员用姓氏称呼自己，或者不便让别的宾客知道自己的姓氏，那么这个时候，就要注意保护好客人的隐私。

在问候客人的时候，在说问候语的同时，可以向宾客致以15度鞠躬礼，表达对客人的真诚欢迎。

2）称呼语

在餐饮服务过程中，最常见的称呼是根据客人的性别，对男性用"先生"，对女性用"女士"。宾客更喜欢具有人情味的服务，因此，服务人员可以根据对方的年龄、性别、职务、职称等，灵活使用称呼。如对年长女性可以称呼"阿姨"，对年老女性可以称呼"奶奶"，对年长男性可以称呼"叔叔"，对年老男性可以称呼"爷爷"，对年幼宾客可以称呼"小妹妹""小朋友"等。如果知道宾客的职务，可以以"姓氏＋职务／职称"的方式称呼客人，如"刘老师""王教授""孙经理""张部长"等。需注意，要根据情况保护好客人的隐私。

3）致谢语

当我们表达诚挚的谢意时，需要使用致谢语。例如，客人打电话预订餐位，为感谢客人，在结束通话时可以说："非常感谢您的致电，期待您的光临。"当客人为我们提供了帮助，如服务人员在上菜时，宾客帮我们挪动了餐盘等，服务人员也需要使用致谢语表达对客人的感谢，用"谢谢您"简单致谢，体现服务人员良好的礼仪修养。

4）致歉语

因操作失误为宾客带来不便或者餐厅暂时无法满足宾客的用餐需求时，服务人员需要使用致歉语，表达对宾客的歉意。如"对不起，让您久等了，这边请"，"这个茶水是刚烧好的，有点烫，我们没有及时提醒您，非常抱歉，我马上为您换上一杯"，"非常抱歉王先生，这道菜餐厅已经售卖完了，您不妨尝尝××这道菜，这是我们餐厅新出的一道时令菜，味道也非常不错，还很有营养"等。需要注意的是，在使用致歉语时，不仅要向客人诚挚地表达歉意，同时还要为客人提供新的解决方案，弥补过失。

5)送别语

客人用餐完毕离开餐厅或者酒店时，服务人员需要使用送别语，如"再见，欢迎您下次光临"或"请慢走，欢迎您再来"等，同时向宾客致以30度鞠躬礼或挥手致意。

6)问询语

为提供更加细致、个性化的餐饮服务，需用问询语了解宾客用餐需求。如询问宾客是否有忌口或者是否对菜品有其他特殊要求，询问宾客是否需要更换骨碟，询问宾客几位用餐等。使用问询语时，需态度自然亲切、面带微笑、富有耐心，必要时可用纸笔记录，结束后复述确认信息无误。问询结束，可用致谢语感谢客人配合。

7)应答语

客人在用餐的时候，会不时地向服务人员询问一些信息，如菜品的做法、餐厅的营业时间等，此时，服务人员应集中精力，耐心、认真地倾听客人的问题，然后根据实际情况礼貌地回答客人的问题，语调和缓自然，态度亲切和蔼，不可不耐烦。在暂时无法回答客人的时候(不知道答案)，应首先向客人致以歉意，同时表示自己会尽最大的努力为客人解决问题，不可简单地只回答一句："我不知道。"

还需注意的是，有时候客人可能会询问一些涉及服务人员隐私的问题，如果不便回答，应婉拒客人。

2. 操作

1)餐前服务礼节

(1)摆台服务：餐饮服务人员需要在客人来到餐厅用餐之前，做好餐厅的环境和物品准备，其中有一项重要的工作任务就是摆台。不论是包间、宴会厅还是大厅散座，都需要进行摆台操作。餐饮服务人员在摆台时需要注意按照餐厅摆台的要求和规范来进行，要求是操作卫生、安静低音。手指不可触碰到餐具内部，必要时应该戴白色手套。在操作过程中还需要注意尽量不要产生噪声，避免餐具相互碰撞产生杂音。在客人用餐期间，服务人员在翻台时也需要开展摆台操作，操作不当就会给客人带来不悦的用餐体验。此外，即使已经到餐厅营业结束或下班时间，在最后一位客人离开餐厅之后，也需要立即收台，清理台面，并根据下一餐的餐别提前做好摆台工作。

(2)迎接客人：当客人来到餐厅的时候，服务人员应站在门口迎接客人。问候宾客后询问客人是否有预订，几位客人用餐等，之后根据客人的需求引领客人到合适的位置。在引

迎宾

领客人的时候应站在客人左前方 1.5 米左右的位置，身体向客人稍倾，与客人不时地交流，如提醒宾客小心台阶、小心路滑等。

如果只有一位客人就餐，可以礼貌地询问客人："请问您需要一个人的餐桌吗？"不要贸然地问客人："请问就您一位用餐吗？"客人的就餐位置应尽量遵循其意愿，服务人员应安排客人去其想去的座位就餐。服务人员可适时根据客人的人数、性别甚至身份等为客人推荐合适的餐位，如将情侣或夫妻安排在靠窗或者安静的角落等位置。

零点服务

待客人选定合适的位置后，服务人员需要主动拉椅让座，在客人允许的情况下将客人的衣物放在合适的位置，并呈递擦手巾请客人擦手。在客人安排妥当全部落座后，双手呈递给客人正面打开的菜单，请客人点单，同时为客人倒茶水。

（3）茶水服务：服务人员在为客人斟倒茶水的时候要注意茶水不要倒得过满，倒七八分即可。在为客人倒茶水的时候要站在客人的右后方，并提醒客人"为您倒下茶水"，以免茶杯碰到客人。倒好茶水后将茶杯摆放在客人右上方 5～10 厘米处，若为有手柄的茶杯则需将杯柄转至右侧，便于客人取放。

（4）点菜服务：在点菜前礼貌询问客人是否可以点菜，在征得客人同意后手持点菜本或者平板电脑，站在客人的左后侧，认真记录客人所点的菜肴，并询问客人是否有忌口。同时，根据用餐人数合理预计客人所需菜肴的数量，如果客人所点菜肴数量过多，可礼貌提醒客人，避免浪费。服务人员对餐厅每一道菜肴的名称、做法、口味特征等信息都应了如指掌，根据客人的人数、性别、年龄、用餐目的、民族等情况合理地为客人推荐和介绍菜肴，并适时推荐餐厅主打菜。客人点菜完毕后，服务人员应再复述一遍客人所点菜肴，避免疏漏。

2）餐中服务礼节

（1）上菜服务：在上菜时，要注意上菜的时机。冷菜和热菜的上菜间隔时间需要根据客人用餐的具体情况、菜肴的烹制情况等把握。在上菜时，一般从左侧上菜、右侧撤菜，上菜时一般讲究"鸡不献头、鸭不献尾、鱼不献脊"，也就是不

上菜服务

把鸡头、鸭尾、鱼脊朝向主宾。上一道新菜时，需要将新菜放置在主宾前，并将菜肴的看面，也就是观赏面朝向主宾，以示对主宾的尊重。

在上菜时，还要注意一些细节，例如不要将手指触碰到餐盘内部，注意袖口等不要触碰到菜肴。礼貌提醒宾客小心，以免将汤汁洒到客人身上。上菜后，后退一步面向宾客，为大家介绍菜品。

一般中餐上菜顺序讲究先凉后热、先炒后烧、先咸后甜，最后是主食和汤。但具体的上菜顺序可以根据宾客的要求而定，一切以宾客的需求为主。

（2）分菜服务：在需要为客人提供分菜服务时，服务人员需要先向宾客展示并介绍菜肴，再进行分菜操作。服务人员需要站在客人的左侧，左手托盘，右手持勺或者叉，分好菜后将菜派给客人。也可在为客人展示并介绍完菜品后，在分菜台进行分菜操作，然后用托盘将分好的菜端到客人面前，站在客人的左侧，右手为客人派菜。需要注意的是，在派菜之前，需要将客人面前使用过的盘子和其他垃圾清理干净，方能为客人派菜。

3）餐后服务礼节

（1）结账服务：客人用餐完毕结账时，服务人员需迅速取回账单并将其放置在小托盘或收银夹中双手呈递给客人，礼貌请客人过目，针对客人提出的疑问，耐心负责地为客人解释说明。之后根据客人的结账方式如现金结账、签单、手机支付等迅速为客人办理，开好发票后将找零和发票放在小信封里呈递给客人。需要注意的是，呈递给客人任何物品的时候都要双手进行，在客人输入银行卡密码或出示房卡等时，要注意保护好客人的隐私。最后微笑感谢客人，在客人起身离开时，提醒客人带好随身物品。

（2）餐后送客：客人离开餐厅或酒店的时候，要热情送客、礼貌道别，在致上送别语的同时，为客人拉门或者走在客人后方 1.5 米左右的位置欢送客人。对拿了许多行李的宾客，服务人员应在征得客人同意的前提下帮客人拿行李。必要的时候根据客人的需求帮客人呼叫出租车。送别乘车的客人时，服务人员需目送客人直至车辆消失在自己的视野当中，方能转身离开。

任务分析

餐饮服务人员得体的语言、优雅的举止会为用餐客人带来美的享受。服务人员需要根据不同用餐客人的具体情况，通过分析用餐客人的需求，有针对性地为客人提供周到细致的服务。

中国服务代言人

任务准备

· 人员准备：2～3 人一组，设定并分配任务角色。

· 工具准备：化妆品、工装、点菜设备、餐桌椅、餐具、餐品、纸笔、信封、托盘等。

· 环境准备：餐饮实训室、校企合作酒店等。

任务实施

一、餐饮服务人员语言模拟练习

请你根据设定的不同餐饮服务接待情境，分别设计一句相对应的服务语言，并将其填写在表格中。

接待情境	服务语言
在中秋佳节的中午时分，客人走进餐厅用餐，服务人员询问客人是否能吃辣，服务人员为刚落座的客人斟倒茶水	
客人询问餐厅是否能做"佛跳墙"这道菜单上没有的菜	
服务人员询问客人是否还需要加菜	
客人询问服务人员白灼虾的具体做法，可是服务人员并不知道	
服务人员不小心将汤汁洒到了客人身上	
客人点了一道"西湖醋鱼"，但餐厅由于原材料沽清无法做这道菜	
客人询问服务人员年龄有多大	
客人用餐完毕离开餐厅	

二、中餐服务接待模拟练习

2～3人一组，分别扮演餐厅服务人员、用餐客人等角色，模拟客人从走进餐厅、用餐到离开餐厅的完整接待流程，并根据餐饮服务接待人员的操作要求进行总结，完成表中的沟通要点。

接待情境	沟通要点
迎接客人	
茶水服务	
点菜服务	
上菜服务	
分菜服务	
结账服务	
送客服务	

任务评价

根据餐饮服务中服务人员的语言和操作，结合任务实施，完成以下评价表。

任务评价表

内容	分值	要　点	自评	互评	师评
餐前服务	20	①问候语的规范使用； ②称呼语的规范使用； ③问询语的规范使用； ④摆台服务操作规范 ⑤迎接客人操作规范； ⑥茶水服务操作规范； ⑦点菜服务操作规范；			
餐中服务	60	①致谢语的规范使用； ②称呼语的规范使用； ③致歉语的规范使用； ④问询语的规范使用； ⑤应答语的规范使用； ⑥上菜服务操作规范； ⑦分菜服务操作规范			
餐后服务	20	①送别语的规范使用； ②致谢语的规范使用； ③结账服务操作规范； ④送客服务操作规范			

能力拓展

(1)请设计餐饮服务接待中的一些特殊情境，并针对这些特殊情境描述餐饮接待过程中有哪些沟通方面的要求和注意事项，以下接待情境供参考：①接待年幼儿童客人；②接待残障客人；③客人针对菜品质量提出质疑；④客人在餐厅内大声喧哗；⑤客人未付款就离开餐厅。

(2)针对目前酒店中常见的自助餐服务，请你列举沟通要点。

(3)请说明西餐服务与中餐服务在沟通方面要求的异同点。

任务九　客房服务

学习目标

(1)培养学生执着、敬业的职业态度和真诚的对客服务理念。

(2)掌握酒店客房对客服务的具体要求和实施办法。

(3)能够在掌握客房服务的基础上为客人提供满意且惊喜的个性化服务。

任务导入

兰兰是某酒店客房部的一名服务人员。一天，兰兰走进3125房间进行清洁整理。客人此时不在房间，兰兰看到写字台上放了一本摊开的书，页码是237页。旁边还放了一个水杯。但里面的水早已经凉了。食品柜里酒店配备的话梅，客人打开了一包，还没有吃完。兰兰注意到了这些细节，在为客人清洁整理完房间后，在摊开的书页处夹了一个书签，并把保温壶的水烧开放在书桌旁边，还特意为客人准备了一个精美的小碟子和牙签。旁边留了一张纸条："尊敬的客人，您好。看到您打开的书页，为方便您下次继续阅读，酒店特意为您赠送一枚书签。保温壶的水已经烧好。小碟子和牙签是为方便您享用小零食准备的。若您还有其他要求，请您随时致电1111，我们将竭诚为您服务。祝您入住愉快！"客人回到房间，看见干净整洁的房间，又看到了纸条和兰兰为客人准备的一切，不由赞叹酒店的服务真是贴心啊。

思考：

(1)兰兰为客人做的都是一些微不足道的小事，为什么赢得了客人的赞誉？

(2)作为客房服务人员，除了应该具备专业的客房服务技能之外，你认为还应该具备哪些素质？

相关知识

一、迎接宾客服务

当接到客人入住的通知信息时，客房服务人员应第一时间站在迎客处，迎接宾客。当客人到来时，面向宾客、面带微笑，施15度鞠躬礼，同时问候宾客。在重要的节日须向宾客致以节日的问候，例如：欢迎您的入住，祝您新春快乐！在征得客人允许的前提下，帮客人提拿重的行李，客人的随身小包、贵重物品属于客人的隐私物品，一般不为其提拿。如果是行李员提拿客人的行李，则只需做好引领工作即可。同时客房服务员和行李员之间也应互致问候。走在客人左前方1.5米处，身体稍面向宾客，五指并拢为客人指引方向。行走途中，随时给予客人提醒，如"小心台阶、小心碰头、这边请"等。路遇其他客人，应侧身礼让客人，并问候宾客。在引领途中视情况与客人交流，如可以向客人介绍酒店的最新促销活动，向客人介绍当地的风土人情等。

二、进入客房服务

客房服务人员在引领宾客、日常清洁整理、日常服务等场景下需要进入客房。总的礼仪要求是按照标准敲门程序敲门进入，并遵循"走路轻、说话轻、操作轻"的基本要求，有时视情况还需穿上鞋套再进入客房。

楼层迎送服务礼仪

在日常为客人清洁房间或提供房间服务时，在进入客房前，都应按照标准敲门步骤敲门，如果房间状态显示该房间为住客房，还应在打开房门后再敲一遍以提示客人。如果敲门后有客人应答，在征得客人允许的前提下，进入房间，向客人说明来意后开始进行清洁整理或其他操作。如果客人不需房间服务，则应礼貌告退。当服务人员敲门无人应答，但进入房间后，发现客人在卫生间或是正在穿衣服等，应立即致歉并迅速退出房间。有请勿打扰标志的房间，一般不应敲门影响宾客。

三、客房对客服务

1. 客房清洁整理服务

客房服务人员在为客人清洁整理客房时，除了要按照客房清洁整理的标准和要求进行清洁业务操作，还要遵循一定的礼仪要求。

1）操作轻、说话轻

客房是客人休憩的场所，除紧急情况之外，客房服务员在客房区域的一切操作包括敲门、开门、关门、清洁整理等动作都应轻柔，说话也应小声轻缓，以免产生噪音，影响宾客休息。

客房清洁服务礼仪

2）以客人方便舒适为前提

在清洁整理房间时，服务员有时会进行房间物品的摆放

客房咖啡包

和添加，应充分考虑客人的舒适度，要认真仔细观察，例如有的客人可能会将两个枕头叠起来使用，那么服务员就应为客人换上一个高点的枕头，再如有的客人使用了很多电器设备，为了方便使用插座，不得已将写字台挪到离插座更近的地方，那么服务员就应该为客人再配备一个移动插座，同时帮客人挪回写字台等。以客人方便舒适为前提就是要尽最大的努力为客人营造舒适的住宿空间，一切为客人着想。

3）尊重保护客人隐私

清洁整理客房时，首先应在征得客人同意的前提下进行，整理房间过程中应将房门开着，直到工作完毕，房务工作车堵在房门口三分之二的位置处。如果客人不在房内，整理房间时不可乱动客人的物品，不得使用客房的卫生间，不得接听宾客电话，不随意处理房间的"垃圾"，除了垃圾桶之内的垃圾及明显的垃圾如果皮、碎纸屑等要及时清理掉，其他疑似垃圾的物品都要谨慎处理。整理房间途中有人进入房间，要首先核实其身份，遇到任何打听住客信息的问题，服务员都应婉拒，如客人实属有急事，可先留言，请前台员工与住客联系后再处理。

2. 洗衣服务

在接到客人要求收取客衣的电话时，应在 30 分钟内到达客人房间进行收取，如果是加急件，应在 10 分钟内赶到房间。客人也可将待洗的衣物放在洗衣袋内，由客房服务员在清洁整理客房卫生时收取。

客房洗衣服务

收取客衣时应认真仔细检查客衣有无破损，纽扣有无掉落，衣袋内是否有客人的遗留物品等，同时核对清楚房间号码、清洗的件数、洗涤方式、是否快洗等细节，请客人填写洗衣单并签名。如果是服务员自行收取客衣但客人并未填写洗衣单，须首先与客人取得联系征求其意见后再做处理。不可将客衣随意乱放或者乱叠，高级衣物需用衣架挂好并套好洗衣袋。

送回客衣时，检查房间号码、衣服数量和清洗状况后，按照约定时间送回衣物。服务员在按照标准敲门程序进门后，将衣物挂在衣柜中并打开柜门或者放在床上，不可随意乱放。如果客人在房内，根据客人的要求处理即可。

3. 送餐服务

酒店送餐服务是为方便客人在房内用餐的一种对客服务项目，一般由餐饮部负责提供。客房部服务人员在整理房间时一般会将送餐单放置在显眼位置，当客人预订送餐服务后，餐饮部负责出餐并送餐，客房部工作人员主要是配合餐饮部送餐服务人员完成送餐进房、摆放食品、签单、收取餐具等工作。

客房送餐服务

在提供服务过程中需要注意的礼仪细节是，服务人员需按照标准敲门程序进房间，向客人问好后，协助餐饮部工作人员将餐品摆放好，要注意动作轻缓，不可产生过大噪声，注意操作卫生，面带微笑等。待客人用餐完毕后及时到房间收取脏餐具。如果是晚餐则一般在第二天收取，以免打扰客人休息。

4. 物品租借服务

星级酒店一般会准备一些特殊物品供有需要的客人租借，如充电器、插座、婴儿床等。当接到客人需要租借物品的电话时，在5分钟之内或者在客人要求的时间赶到房间，按照标准敲门程序进房后，将客人所需物品用合适的托盘呈递给客人（大件物品除外），并请客人在租借物品登记单上签字。需要说明使用注意事项的还需及时向客人说明。在客人归还物品时需做好相关记录。客人离店时，需检查有无租借物品及是否归还，如客人确有物品未及时归还，需委婉提醒客人。

任务分析

客房服务人员需本着一切为宾客着想的原则，为客人提供最大程度的便利，在分析宾客需求的基础上为客人提供满意且惊喜的个性化服务。

任务准备

- 人员准备：2～3人一组，设定并分配任务角色。
- 工具准备：电话、纸笔、其他物品等。
- 环境准备：客房实训室、校企合作酒店等。

任务实施

一、客房服务人员语言模拟练习

请你根据不同的接待情境，各写出3句客房服务用语，并填写在以下表格中。

接待情境	服务语言
日常问候用语 （例如：××先生，早上好，欢迎入住××酒店。）	
日常接待服务用语 （例如：我现在为您清洁房间可以吗?）	
送客服务用语 （例如：需要我为您呼叫出租车吗?）	
洗衣服务用语 （例如：请问您这件衣服是湿洗还是干洗?）	
送餐服务用语 （例如：请问您需要几份餐具?）	
物品租借服务用语 （例如：我们5分钟内给您送到房间，请您稍候。）	

二、客房服务接待要点分析

请根据以下的情景描述，2～3人一组，进行情景模拟练习，并总结客房服务人员的服务程序，凝练出在此服务过程中的沟通要点。

接待情景	服务程序	沟通要点
情景一：1408房间王先生打电话要求服务员送来两瓶矿泉水		
情景二：一位英国客人打电话要求借一个手机充电器		
情景三：服务员小周打扫客人房间发现桌子上放了一个大西瓜		
情景四：客人李先生打电话来需要清洗一件外套		
情景五：客人李女士需要点一份扬州炒饭		
情景六：客人需要在房内加一张儿童床		

任务评价

请你根据上表所填写的沟通要点，向老师和同学们进行讲解和分析，完成如下的评价表格。

要点评价表

得分	分值	评分要点	自评	互评	师评
情景一	10	①沟通要点的完整度 ②沟通要点的精准度 ③沟通要点的创新度			
情景二	10	①沟通要点的完整度 ②沟通要点的精准度 ③沟通要点的创新度			
情景三	10	①沟通要点的完整度 ②沟通要点的精准度 ③沟通要点的创新度			
情景四	10	①沟通要点的完整度 ②沟通要点的精准度 ③沟通要点的创新度			
情景五	10	①沟通要点的完整度 ②沟通要点的精准度 ③沟通要点的创新度			
情景六	10	①沟通要点的完整度 ②沟通要点的精准度 ③沟通要点的创新度			

能力拓展

(1)客房服务人员在接待不同类型的客人时，应根据这些客人的需求与喜好，提供具有个性化的服务，请你尝试列举接待下列客人时服务人员可提供的个性化服务有哪些？

①接待老年客人；②接待残障客人；③接待度蜜月的客人。

(2)如果客人投诉房间质量问题如噪声、洗澡水温度等，你该如何应对？

(3)请总结客房服务人员应采取哪些措施保护好住客的隐私。

第二部分

中国传统文化

第二部分　中国传统文化

周——礼乐文明，青铜盛世

中国被称为礼仪之邦，自周以来，礼仪作为中国传统文化的基石，渗透于古代社会生活中的方方面面。在日常的社交生活中，待人接物要"彬彬有礼"是一种共识，也是一种常识，是各种文明的必备要素。在中华五千年文明的积淀下，传统礼仪背后凝聚着数代人的心血和智慧，绝不能单纯的说为"有礼貌"；它更重要的是强调有法度、有秩序，注重对言谈举止的规范。

《礼记·冠义》——"凡人之所以为人者，礼义也"

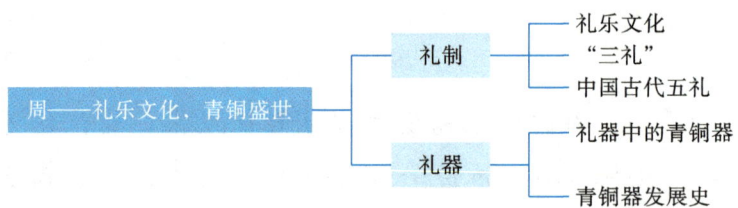

任务一 礼制

学习目标

(1)认识《礼经》和中国古代五礼的主要内容，提升职业素养和人文修养。
(2)掌握礼乐文明的起源和发展方向，理解周公制礼作乐的内涵与价值。
(3)能够借鉴传统礼仪文化，在社交生活中进行自我约束、规范言行。

任务导入

中国传统文化的内涵极为丰富，礼仪是极具代表性的。据考古发现和文献记载，礼仪起源于祭祀。在生产力水平低下的远古时期，出于对鬼神的敬畏，为消灾避祸，祭祀鬼神的仪式和程序逐渐出现。在阶级和国家出现后，礼仪活动更加频繁，内涵相应扩大，形式越发规范，逐步形成典章制度，礼仪从祭祀活动扩展到政权建设。作为礼乐政治的典范，周王"制礼作乐"、孔子"克己复礼"，是中国文化道德中重要的转折点，形成了"上下有义，贵贱有分，长幼有等，贫富有度"的礼仪制度。

思考：

自周朝起，礼制在中国的推行已逾三千年，形成了中华文明的璀璨精华——礼乐文明，但礼乐究竟是什么？何为传统礼仪？古人要行哪些礼？又为何要行那些礼？作为现代人的我们，应该学习哪些传统礼仪规范？

任务准备

(1)审视自己日常行为习惯与言行举止，梳理自己在社交场合中的优缺点，整理以往社交中做的好与不好的地方。

(2)熟悉"礼乐文化""三礼"的相关理论知识，搜集关于待人接物的传统文化知识。

(3)结合自身职业技能学习与专业素质要求，罗列自认为欠缺的综合素质能力和需要提升的职业人文素养。

饮食之礼——十五册

相关知识

一、礼乐文化

礼乐文化是古人将"礼教"与"乐教"并提而形成的教化体系。以礼为教，用以节制外在的言行；以乐为教，用以节制内心的欲望。礼与乐互为表里，周公用他们教化世人规范行为、节制欲望，使社会稳定有序，这是制礼作乐的本意。

周公，姓姬，名旦，乃周文王姬昌之子，周武王姬发之弟。西周初年，武王早逝，周公辅政七年，后还政于武王之子，制礼作乐，成为中华礼乐文明的奠基人。

周公制礼作乐，创立以嫡长子继承法为核心的宗法制度和以维护中央集权统治的礼法制度，其思想的核心是"乐统同，礼辩异"，希望以礼乐制度建立等级分明、秩序井然的社会。这种制度虽然具有一定的时代局限性，但周公强调"民为邦本""明德慎罚"，希望社会能在等级尊卑的基础上建构和谐，体现了相对的思想进步性。

同时，周公将制礼作乐与德性相联，认为遵守礼乐秩序就是有德的表现。礼乐制度，从国家的层面上，让治国有章法；从社会的角度看，让行事有标准；从伦理关系出发，让个体修身养性、家庭稳固和谐，最终促成了"礼乐文章八百秋"的盛世。

由此看出，"礼仪"从来就不等同于"礼貌"，古人用礼维系血缘纽带、协调人际关系、维护社会秩序、提升品德修养，构成了传统礼仪的基本功用。即使在当今社会，"礼仪"已不再作为典章制度出现，但"礼仪"和"礼节"依然归于道德范畴，用于规范行为习惯，约束言谈举止。

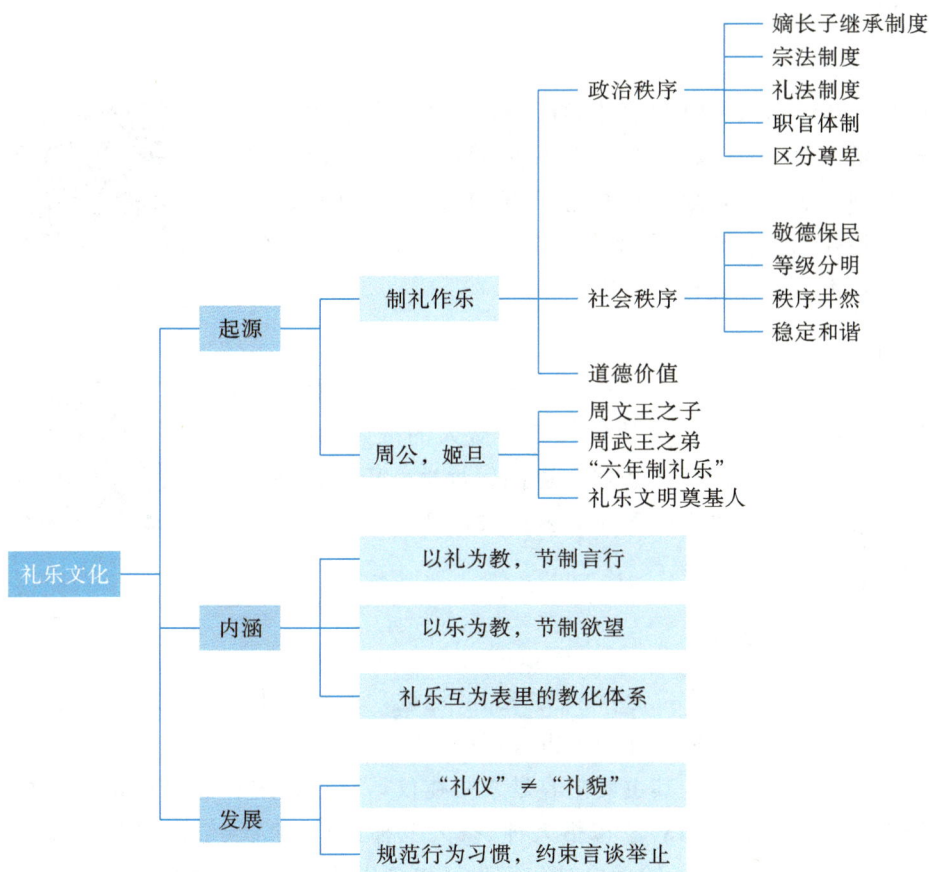

```
                                          ┌─ 嫡长子继承制度
                                          ├─ 宗法制度
                            ┌─ 政治秩序 ─┼─ 礼法制度
                            │            ├─ 职官体制
                            │            └─ 区分尊卑
                            │
                            │            ┌─ 敬德保民
              ┌─ 制礼作乐 ─┼─ 社会秩序 ─┼─ 等级分明
              │            │            ├─ 秩序井然
        ┌─ 起源             │            └─ 稳定和谐
        │     │            └─ 道德价值
        │     │
        │     │            ┌─ 周文王之子
        │     └─ 周公，姬旦 ┼─ 周武王之弟
        │                  ├─ "六年制礼乐"
        │                  └─ 礼乐文明奠基人
礼乐文化 ┤
        │            ┌─ 以礼为教，节制言行
        ├─ 内涵 ─────┼─ 以乐为教，节制欲望
        │            └─ 礼乐互为表里的教化体系
        │
        └─ 发展 ─────┬─ "礼仪" ≠ "礼貌"
                     └─ 规范行为习惯，约束言谈举止
```

二、"三礼"

西周末年，烽火戏诸侯，幽王失国，"周衰，礼废乐坏"。面对宗法旧秩序大乱的局面，孔子倡导"克己复礼"，为重整政治生活和精神生活的秩序奔走，创立了儒家学说。孔子教学生"六艺"：礼、乐、射、御、书、数，以礼为首科；他修《诗》《书》，订《礼》《乐》，赞《周易》，作《春秋》，后世尊称为"六经"。其中《礼》又称《仪礼》，和《周礼》《礼记》并称为"三礼"，最早的中华礼仪都记录在这些礼经之中，是礼乐文化的理论形态。

1.《周礼》

《周礼》是古老的官制系统文献，主要记载了周王室官制及各国典章制度。有传《周礼》是"周公摄政太平之书"，但实际上它仅保留了部分制礼作乐的内容，主要由战国儒者汇编成书。其基本内容中关于国家机构的设置，奠定了后代吏、户、礼、兵、刑、兵、工六部行政机构的制度规模，有很高

《周礼》告诉你，古代学校学什么？

的历史价值。

2.《仪礼》

《仪礼》是春秋战国时期的礼制汇编，记载了先秦贵族祭、丧、冠、婚、射、乡、朝、聘等日常生活中的礼仪程序，所规定的礼制非常细致，蕴含对思想修养和行为规范的教化意义，具有很强的实用性。后世许多贵族礼仪皆源于此，并深刻影响了日本与朝鲜的礼俗文化。

《仪礼》

3.《礼记》

《礼记》是儒家礼学论文集。其由汉朝戴圣整理编纂而成，主要记载和论述先秦的礼制礼仪和修身做人的准则。内容广博，门类杂多，涉及政治、法律、道德、哲学、历史、祭祀、文学、日常生活、历法、地理等诸多领域，且补充了许多《仪礼》中未记载的内容。

《礼记》

三、中国古代五礼

传统礼仪的内容非常广泛，根据"三礼"记载，古人把礼主要分为五大类：吉礼、凶礼、宾礼、嘉礼、军礼，即中国古代五礼。

吉礼，居五礼之首，其主要内容是祭祀礼仪，旨在祈求神灵的保佑。吉礼的核心是祭神和祖先，祭祀的对象包括天神（祭天上神灵）、地祇（祭山川河流等大地神祇）、人鬼（祭祖先英雄）。除此之外，后世又出现以孔子为首的圣贤神灵系统和根据需要创造的怪神、瑞兽、厉鬼等。

凶礼，《周礼·大宗伯》认为凶礼是"哀邦国之忧"。主要包括为哀悼死者的丧礼，赈灾救济的荒礼，消灾祈禳（ráng）的禳灾礼，向邻国援助的襘（guì）礼，战争慰问的恤礼等。古代社会对各种严酷情况的尽哀，既为了追思，更为了警惧，是"慎终追远"。

宾礼，谦让、交往之礼，其核心价值是礼尚往来，凸显君子的谦恭。如"三礼"中严格规定了不同身份面见对象，需携带不同等级的礼物。面见前宾主双方反复的相互谦恭。主要包括诸侯朝拜天下、天子会见诸侯的朝觐礼；各国诸侯之间联络感情的聘问礼；士大夫之间的相见礼。相较于诸侯朝觐之礼，聘问礼和相见礼更具有社会史意义，也对现代生活具有借鉴意义。

嘉礼，各类善好之事的礼仪总和，五礼中内容最为庞杂的礼仪类别。主要内容包含冠礼，即成人礼，旨在培养君子；昏礼，即婚礼，旨在合两姓之好；乡饮酒，即宴饮礼，旨在尊老礼贤；乡射礼，即习射礼，旨在揖让恭敬；其余包括饮食之礼、宗族兄弟饮酒聚餐之礼、天子飨宴诸侯之礼、巡守之礼、贺庆之礼等，总之"以嘉礼亲万民"，其核心价值是君子之德的养成。

军礼，是关于战争的礼数，主要包括祭祀军神、出征誓师、献俘奏捷、论功行赏、均摊税役、考察阅兵、战后重新确认边疆等。因军事有别于日常生活与政治生活，故而独立于其他礼仪形式，自成一套包含仪式、政策、活动的体系。其核心在于营造军事空间的神圣感，鼓舞士气、团结人心。

任务分析

今天，很多传统礼仪因时代变迁不再受人关注，因观念改变不被人理解。那么，我们是否还有必要去了解和学习传统礼仪？答案是肯定的。中国古代五礼，虽大部分已不再适用于当今社会，但具有人生转折意义的冠礼与昏礼沿用至今；强化伦理秩序的乡饮酒礼、提升人格修养的乡射礼，其蕴含的秩序观念对当下仍有启示意义……

学习一些"三礼"中的日常礼仪，可以规范我们人际交往的基本态度与准则，引导我们学习正确待人接物的方法。

任务实施

对照传统礼仪，规范举止仪容、行动态度，详见表2-1-1。

表 2-1-1　传统礼仪

行为	内容	要求
"若夫，坐如尸，立如齐""立必正方，不倾听"	要想做一个君子，坐姿要端正，站姿要恭敬，切勿倾斜，以防被人误以为在偷听	坐姿、站姿要求，个人自我约束
"矩步引领，俯仰廊庙。束带矜庄，徘徊瞻眺""君子之容舒迟，见所尊者齐遫"	走路要合规矩，抬头挺胸、引颈挺拔，或俯或仰，都要如同在廊庙中一样庄重。君子步态应看上去舒雅从容，见了尊者要显得恭敬谨慎	走路姿态要求，应身体挺拔、步伐稳健、步态恭正
"食不言，寝不语""席不正，不坐"	饮食、睡觉时也要注重举止端正	举止养成良好行为习惯，举止仪容要端正
"爱而知其恶，憎而知其善"	不能因为自己喜爱就忽视别人的厌恶，也不能因为自己憎恶而忽略别人的喜爱	推己及人，站在他人立场看问题

行为	内容	要求
"疑事毋质"	当感到有怀疑的事或人时,切勿不假思索就去质问	克制好奇心,避免错误的怀疑造成对他人的伤害
"直而勿有"	秉持正直之道,但不要认为自己总是正确、有所居功	尊重他人
"贤者狎而敬之。畏而爱之"	对待贤能的人,要亲近且敬重他,敬畏且喜爱他	为人处世有分寸,亲近他人有限度
"见齐衰者,虽狎,必变。见冕者与瞽(gǔ)者,虽亵,必以貌"	遇到服丧或有残疾的人,即使关系亲昵,也要注意态度、以礼相待	随时体谅他人的情绪,注意言谈举止的对象和环境
"临财毋苟得,临难毋苟免。很毋求胜,分毋求多"	做人应该既不贪恋小利,也不胆小怕事;既不求胜心切,也不索取过多	节制欲望,勇于担当
"登城不指,城上不呼"	在城墙上不应指指点点,也不要随意呼喊	公共场合避免打扰他人、引起混乱
"食不厌精,脍不厌细。食饐而餲,鱼馁而肉败不食。色恶不食。臭恶不食。失饪不食。不时不食。割不正不食。不得其酱不食。肉虽多,不使胜食气。唯酒无量,不及乱。沽酒市脯不食。不撤姜食,不多食。"	食物不嫌做得精美,鱼肉不嫌切的精细。食物放久不食用;颜色难看不食用;气味不好不食用;烹调不当不食用;不合时令的不食用。来路不正的不食用;没有适合的酱不食用;肉即使很多,食用时不要过量。只有酒不限量,以不喝醉为限。买来的酒和熟干肉,不食用。进食时不必除去生姜,但不要多吃	养成良好的饮食习惯,不胡吃海喝,不吃不洁、过期的食物;按时饮食,合理搭配,不能醉酒等
"言语之美,穆穆皇皇"	言语之美,在于谦恭、和气、文雅	说话宜谦虚有礼

按照人际交往的行为准则，提高社交能力，详见表 2-1-2。

表 2-1-2　人际交往行为准则

行为	内容	要求
"户外有二屦，言闻则入，言不闻则不入"	要进入某个房间时，看见门外有两双鞋，证明房间内有两个人。如果两人对话大声，就意味没有私密事，便可以进入；如果听不见有人对话，就不方便进入	避免给他人造成不必要的麻烦
"将上堂，声必扬""将入户，视必下"	进入房间时，要高声询问，以提醒屋内人注意。正式进屋时，视线要向下，避免东张西望	尊重他人，注意言谈举止的细节
"户开亦开，户阖亦阖。有后入者，阖而勿遂"	门原来是开着的，进去后也要让它开着；门原来是关上的，进去后就应该随手关门。如果知道身后有人还要进入，就不要把门关紧	进门前后的礼仪，细节决定成败
"帷薄之外不趋，堂上不趋，执玉不趋""室中不翔"	在帷幕、帘子之外，在堂上或拿着玉器时不用小步快走，在室内不可张开手臂快走	起身走动，区分场合
"离坐离立，毋往参焉。离立者不出中间"	别人并排坐或并排站着的时候，不要插进去；看到两人并排站立，不要从他们中间穿过	不打断他人交谈，不干扰他人私事
"凡为人子之礼，冬温而夏清，昏定而晨醒"	对父母四季的温凉、晨昏的舒适，要予以关心	为人子女，要关心、尊重父母
"为人子者，出必告，反必面，所游必有常"	外出必须告诉父母，回来也要通告父母，所去的地方要固定，能让父母知道子女的行踪	避免在行动上让父母担忧
"不苟訾(zǐ)，不苟笑"	不要随便诋毁别人，也不要随便嬉笑	不要用言语伤害他人
"遭先生于道，趋而进，正立拱手"	在路上遇见师长，应快步上前，正身行礼	遇见师长，应主动礼貌问好
"侍坐于先生，先生问焉，终则对"	师长向自己提问时，要等师长把话说完，再作回答，避免会错意	耐心倾听，仔细分析，言之有物
"君子不失足于人，不失色于人，不失言于人"	有道德的人对人应该彬彬有礼，不能态度粗暴，也不能出言不逊	与人交往注重礼仪姿态，举手投足注意修养内涵，做事要有尺度和分寸

行为	内容	要求
"与君言，言使臣。与大人言，言事君。与老者言，言使弟子。与幼者言，言孝弟于父兄。与众言，言忠信慈祥。与居官者言，言忠信。"	与国君谈话，讨论怎样任用臣子。与臣子谈话，讨论怎样侍奉国君。与长者谈话，讨论怎样教育孩子。与做子女的谈话，则讨论怎样孝顺父母。与公众谈话，讨论做人做事怎样忠诚信任慈祥。与当官的人谈话，讨论怎样对国家忠诚诚信。	根据说话的场合、对象、时机，选择交谈内容、话题和方式
"可与言而不与之言，失人；不可与言而与之言，失言"	可以和他谈却不与他谈，就会失去人才；不可以和他谈却与他谈，就易说错话	言谈要有礼有节，知道什么该说什么不该说

任务评价

（1）做评价：按照"三礼"中的行为规范、交际准则，对照下表打分。

（2）找问题：根据以往错误的社交案例，你想提升的综合素质能力和职业人文素养是什么？准备用什么方法来提升？

任务评价表

内容	分值	要　点	自评	互评	师评
行为习惯	20	坐、站、行、饮食			
孝顺父母	30	与关心、体谅父母			
社交礼仪	30	姿态仪容、谈吐语言			
举止细节	20	自我约束，规范言行			
自我认知（已具备和需要提升的职业人文素养和综合素质能力）					
能力延伸（你所知道的，在社交中可以借鉴的其他传统礼仪文化）					

能力拓展

五礼详细知识点

任务二 礼器

学习目标

(1)认识礼器的重要性,强化职业素养和人文修养。

(2)掌握礼器的分类和中国青铜器发展史,熟悉传统礼仪制度下的礼器制度。

(3)能够结合专业知识,具备辨别青铜器纹饰和分类的能力。

任务导入

礼器与中国古代五礼息息相关,是古代君王和贵族在举行祭祀、朝觐、宴饮、征伐、丧葬等礼仪活动时,所陈设及使用的器皿等,其起源可追溯至远古时期人们的生活用具。《礼记·礼运》讲:"夫礼之初,始诸饮食……犹若可以致其敬于鬼神。"在古人看来,鬼神和人一样,都是要吃饭的,所以西周时期礼器主要都是青铜食器。西周处于"青铜时代",这个时期正值青铜器发展的鼎盛时期,不仅品种繁多,而且制作精良、性质瑰丽、花纹繁缛、富丽堂皇,在中华民族和世界古代文明史上占据着崇高地位。在古代长安这块神奇的土地上,出土过大量的青铜器,这些青铜器让我们得以窥见周王朝的昔日风采。

思考:

(1)如果说,礼器在古代社会生活中是用来区分等级的,那么不同的等级如何用礼器区分?

(2)你了解"青铜时代"吗,除了礼器,青铜器还有哪些分类?

任务准备

(1)熟悉"青铜器""礼器"的相关理论知识。

(2)结合自己的职业技能学习和专业素质要求,辨别青铜器的分类和纹饰。

相关知识

一、礼器中的青铜器

1. 青铜礼器的分类

礼器，是宗庙和皇室中陈设的器物，用于祭祀、宴飨和各种典礼仪式场合。古人认为祭祀和打仗是国家头等大事，所谓"国之大事，在祀在戎"。礼器中最重要的部分是和祭祀有关的器物，按种类划分，可分为酒器、食器、水器、乐器等，它和日常生活器皿截然不同。西周出土的青铜礼器多为食器，常见的有鼎、簋（guǐ）、簠（fǔ）、豆、敦、俎。其中，鼎在众礼器中的地位又属重中之重。

（1）鼎，最常见的一种青铜礼器，"一言九鼎""大名鼎鼎""鼎盛时期""鼎力相助"等与之相关的词汇，已经融入现代日常生活中，成为我们的日常用语。鼎本身是食器的一种，用于烹煮肉食；后来才演变为礼器，成为用于祭祀和宴飨的器具，并且成为表明等级和身份的重要象征。《公羊传》中记载周朝"天子九鼎，诸侯七，卿大夫五，元士三。"可见，鼎的使用有着非常明确和严格的规定。

（2）簋，盛放煮熟的稷、稻、粱等饭食的器具。西周时期，簋是重要的礼器之一，它和鼎在祭祀和宴飨场合配合使用。最常见的形制为侈口、束颈、鼓腹、双耳。与鼎一样，地位不同、身份不同的贵族，使用簋的数量均有严格的规定和限制。

（3）簠：用于盛放煮熟的稷、稻、粱等饭食，基本形制为长方体，口外侈，腹下收，上有盖，器与盖形制相同，分置可成二器。

（4）豆：用于盛放肉酱、腌菜和调味品。常以偶数个与其他礼器配合使用。

（5）敦：盛放煮熟的稷、稻、粱等饭食的器具。基本形制是上下皆圆，盖与器相合成球体，也有上下不完全对称的。

（6）俎：切肉、盛肉的案子，与鼎配合使用。其基本形制为长方形案面，中部微凹，案下两端有壁形足，也有案下附铃的。

2. 青铜礼器的组合

1）列鼎组合

西周中期形成列鼎制度，在祭祀与宴飨时，用形状花纹相同但大小依次递减的奇数组合"鼎"来代表贵族身份，并以偶数组合的簋和奇数组合的鼎配合使用。据《公羊传》记载，天子用"九鼎八簋"，代表无上的皇权；诸侯用"七鼎六簋"；

"问鼎中原"的故事

大夫用"五鼎四簋";士用"三鼎二簋"。

列鼎制度的建立源于西周推行的宗法制度,依据嫡庶、亲疏明确人与人之间的关系,并在此基础上,于统治阶级内部形成天子、诸侯、士等阶层,与普通民众建立起截然不同的等级划分。依周代礼仪制度的规定,各级贵族祭祀和宴飨,需依其身份高低,享用相应的规格,便有了用物制度。

2)水器

殷商时期贵族饮酒成风,礼器多以酒器为主。至西周建立,周天子汲取商朝因嗜酒而亡国的教训,颁《酒诰》严厉禁酒,使酒器数量骤减,食器、水器在礼器中的地位得以提升。从周穆王开始,中小型墓葬青铜器的组合中,水器组合有明显增多的趋势。

爵和觚的酒器组合

礼器中的水器是沐盥用具。古代贵族的盥洗,不仅是为了干净卫生,更重要的是为了礼仪。在祭祀、宴飨等场合,盥洗行为十分严格,必须行"沃盥之礼"。"沃"即浇水,"盥"即洗漱。沃盥之时,用盉或匜来浇干净的水,用盘来承接洗过的废水。

3)编钟组合

乐器是青铜礼器的重要组成部分,"礼非乐不履",没有乐器的配合,礼是难以体现的。"钟鸣鼎食"说明钟与鼎是同等重要的青铜器。青铜礼器中的乐器也是礼乐文明的重要体现。

编钟是进行祭祀和军事占卜活动中的重要礼器,与列鼎制度同样重要。编钟兴起于西周,盛于春秋战国直至秦汉。早期编钟一般是由 3 件大小不同的钟组合起来的,春秋末期至战国时期,数目逐渐增多,有 9 件一组的和 13 件一组的。

二、青铜器发展史

青铜器是以红铜与锡制成的器具,其大量出现标志着人类文明步入新阶段——青铜时代。青铜器在世界各地均有出现,是一种世界性文明的象征,现有记录青铜器最早出现于 6000 多年前。中国的青铜时代主要涵盖夏商周至春秋战国时期,时间跨度约为 1500 年,是中国古代青铜器发展、成熟到鼎盛的主要时期。中国古代青铜器,是中华民族艺术的典范,也是人类文化宝藏的重要组成部分。尽管从目前的考古资料来看,中国青铜器出现时间晚于世界上其他一些地方,但中国古代青铜器制作精美,艺术价值极高,其使用范围、铸造工艺、精美纹饰及典雅铭文,享有极高的声誉。

1. 中国青铜器发展简史

中国青铜器发展简史

2. 青铜器主要纹饰

青铜器纹饰详细知识点

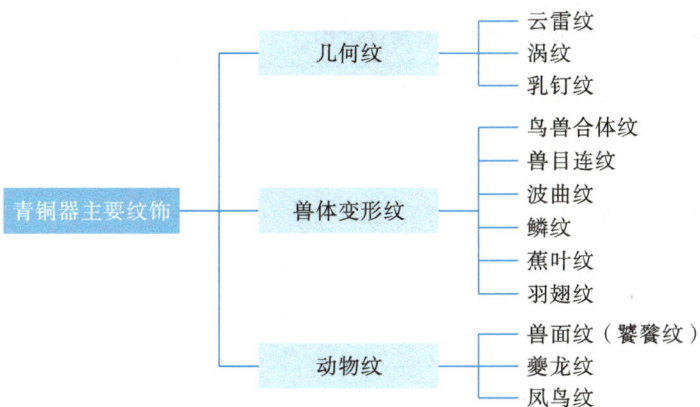

```
                              ┌── 云雷纹
                    几何纹 ───┼── 涡纹
                              └── 乳钉纹

                              ┌── 鸟兽合体纹
                              ├── 兽目连纹
                              ├── 波曲纹
青铜器主要纹饰 ──── 兽体变形纹 ┼── 鳞纹
                              ├── 蕉叶纹
                              └── 羽翅纹

                              ┌── 兽面纹（饕餮纹）
                    动物纹 ───┼── 夔龙纹
                              └── 凤鸟纹
```

任务分析

中国古代青铜器种类繁多，从功能来看，可分为礼器、日用器。从用途看，可分为食器、酒器、水器、乐器、兵器等。青铜器涉及古人政治、经济、生活的方方面面。认识青铜器的分类，可以帮助旅游专业的学生加强对中国传统文化和礼仪的认知，提高职业人文素养。

任务实施

分类	器形	代表馆藏青铜器
食器	饪食器：鼎、鬲(lì)、甗(yǎn)	
	盛食器：簋(guǐ)、簠(fǔ)、盨(xǔ)、敦(duì)、豆、铺、盂、盆	
	挹(舀)食器：匕	
	切食器：俎	
酒器	贮酒器：壶、罍(léi)、瓿(bù)	
	盛酒器：尊、卣(yǒu)、彝(yí)、觥(gōng)	
	温酒器：斝(jiǎ)、爵、角	
	饮酒器：爵、角、觚(gū)、斝、觯(zhì)	
	挹酒器：斗、勺	
水器	注水器：匜(yí)	
	接水器：盘	
	盛水器：盂、瓶、缶(fǒu)、鉴	
乐器	钟、钲(zhēng)、铙(náo)、鼓、錞(chún)、铃、铎(duó)、钩等	
兵器	刀、剑、匕首、钺(yuè)、戈、戟(jǐ)、矛、弩机、矢镞(zú)、胄、甲、盾	
工具	削、刀、锯、凿、锉、钻、锥、斧、锛(bēn)、耒(lěi)、耜(sì)、铲、锸、锄、耨(nòu)、镰	
车马器	軎(wèi)、辖、毂(gǔ)、轭(è)、当卢、衔	
杂器	用具(禁、俎、案、铜镜、带钩、灯具、熏炉)；衡器(尺、量、衡、权)；货币(布币、刀币、圆币)；凭证信物(符、玺印)	

纹饰	纹样
动物纹	
几何纹	
变形纹	

任务评价

（1）做评价：按照对青铜器类别和纹饰的学习程度，对照下表打分。

（2）找问题：我国出土的馆藏青铜器你都认识哪些，这些青铜器体现的价值分别是什么？

任务评价表

内容	分值	要　　点	自评	互评	师评
礼器组合	10	礼器与礼仪制度的关系			
青铜器发展史	10	中国青铜器的发展与鼎盛			
青铜器分类	40	青铜的器形和使用			
青铜器纹饰	40	纹饰的特征和样式			
能力扩展：我国经典馆藏青铜器及其价值					

能力拓展

陕西历史博物馆
经典馆藏青铜器介绍

模块二
秦——六合统一，兵俑绝唱

　　春秋战国，百年纷争，秦王嬴政统一六合，建立了中国历史上第一个高度集权的"大一统"国家。虽然秦王朝在历史上仅存在 15 年就被民众武装暴动推翻，但这个短暂的王朝对此后中国数千年帝制社会产生了极其深远的影响，所谓"二千年来之政，秦政也"，"自秦以后，朝野上下，所行皆秦之制也"。秦王朝短促而亡，其失败在后世被赋予更多政治教训层面的意义；秦始皇饱受争议，他的功绩和伟业众说纷纭；回顾历史，秦国是在逆境中崛起的国家。秦的统一，是华夏历史的大事件。秦的创制，对于中华民族的形成，对于后世以汉文化为主体的中国传统文化的发展，对于统一政治格局的定型，都有着独特的意义。

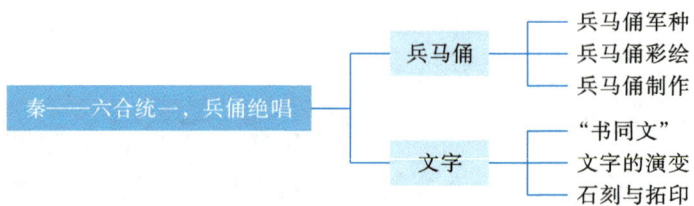

任务三　兵马俑

学习目标

(1)认识兵马俑的制作方法和彩绘用料，强化职业素养和人文修养。

(2)了解兵马俑出土发掘的现状，掌握各类兵马俑的军种分类，领悟兵马俑深厚的历史文化内涵。

(3)培养根据历史文物，探索古代国家管理、军事体制、国力状况，以及技术和思想意识传承的能力。

任务导入

秦王开创了一系列崭新制度，其功业可谓旷古未有。生前，他为帝国的强盛呕心沥血；死后，他留下了震撼人心的地下帝国。真正的秦帝国是什么样子？真正的秦始皇究竟是怎样的君王？都说秦军骁勇善战，横扫六合，但在 1974 年，兵马俑陪葬坑被发现之前，没人知道秦始皇麾下军队到底什么样。历史讲究"透物见人"，古人"事死如事生"的文化传统，让作为陪葬品且"有似于生人"的兵马俑，成为"破译"秦帝国与秦始皇的"密码"。

任务准备

(1)熟悉"兵马俑军种""兵马俑彩绘""兵马俑制作"的相关理论知识。

(2)罗列有关秦始皇统一后，为巩固中央集权、建立君主集中制，在政治、经济、文化等方面制定的一系列措施。

(3)查阅秦始皇陵园布局和出土文物的相关信息，将不同的陪葬品坑及其出土文物对应不同的政治机构及设施，明确其体现的不同政策制度。

相关知识

一、兵马俑军种

现出土的兵马俑坑共有三座，分别是一号坑、二号坑、三号坑，按照发现顺序依次编号，并无特殊意义。尽管被称为"坑"，实际上它们是三座由不同房间组成的地下建筑，内有门道、走廊、房室若干，类似古代"营房"；秦始皇的"军队"按照军事内容和陶俑兵种编组，以排兵布阵的形式被陈列其中。现出土文物中，除陶马、战车、武器等外，以兵俑数量最为庞大，俗称"八千兵俑，千人千面"，它们因军种、职责、身份、地位的不同，服饰各有特色，面部神态各异却栩栩如生。

虽尚未完全发掘，但按照已知的分布密度和布局推算，一号坑以步兵为主，多为身着战袍或铠甲武士俑；二号坑是车、步、骑三个兵种混合。兵书讲究排兵布阵，有大阵套小阵，大营包小营，二号坑就是如此，体现了"易则多其车，险则多其骑，厄则多其弩"的战术；三号坑是指挥部，以战车和御手俑为主；四号坑有坑无俑，仅有回填的泥土，较少被提及。按照军种，兵马俑的分类见表 2-2-1。

谁烧了兵马俑？

表 2-2-1　兵马俑的分类及其特点

兵种	冠/帽	服饰	其他	特点
武士俑	戴软绵的单帽或免盔束发	战袍或铠甲，没有彩色图案；因义务服兵役自备服装，服饰颜色多样、长短各异	穿有一层内衣，短褐或长襦，长度到膝盖或者更短	数量最多，最为常见，配矛、戈、戟等长兵器
军吏俑	单板或双板长冠	战袍或彩色花边铠甲，颜色和样式不统一	穿有一层内衣，短褐或长襦，长度到膝盖或者更短	多为战袍步兵俑，手持兵器根据兵种略有不同
将军俑	着"鹖冠"（冠顶有两个像羊犄角一样的冲天圆筒），高大魁梧，神情沉稳	战袍将军俑，穿交领右衽长襦，腰间系带钩；着装虽朴素，但胸口有花结装饰　　铠甲将军俑，着彩色鱼鳞甲（腹部位置是细小、像鱼鳞的甲片）；前胸、后背、双肩饰有彩色花结	穿有多层内衣，长度到小腿部位	俑坑中身份比较高的军官，真实身份不高过尉官。战袍将军俑站立于指挥战车后；铠甲将军俑双手拄剑或挎剑
骑兵俑	圆形帽子，彩绘白色梅花斑点如鹿皮，下有系带	铠甲短，长度仅及腰际，重点防护上身，双肩没有护甲；身着"胡服"，紧身、裤合档	由一马一兵组成一套，兵俑站在马的左前方，一手拉弓，一手牵马	仅出现在二号坑，所占比例不大，但此兵种是中国当时国防力量的新锐，是秦始皇的"特种兵"

续表

兵种	冠/帽	服饰	其他	特点
跪射俑	长冠或免冠	战袍或铠甲，颜色和样式繁杂	穿有一层内衣，短褐或长襦，长度到膝盖或者更短	坐姿弩兵俑，出土于二号坑，曝光率极高；上身笔直挺立，左腿曲蹲，右膝着地，双手置于身体右侧作握弓弩待发状。绿面跪射俑是其中最为特殊和珍贵的一件
立射俑	长冠或免冠	战袍或铠甲，颜色和样式繁杂	穿有一层内衣，短褐或长襦，长度到膝盖或者更短	立姿弩兵俑，应持弓弩、箭箙作待发状，与跪射俑一起构成步兵射手或弩兵的军阵

二、兵马俑彩绘

如今土黄色的陶俑、陶马，当初都绘有颜色，肤色或粉白或粉红，服饰用色各有不同，衣袖也有多重色彩镶边。遗憾的是，这个五彩斑斓之景最多维持十几分钟，有的甚至只有十几秒，就会起翘、卷曲并脱落，原因为何，要从兵马俑彩绘所用材料说起。

陶俑外的那些彩绘文物

（1）生漆，又称天然漆、土漆、国漆，由割开漆树树皮，从韧皮内流出的白色黏性乳漆经加工制成，涂抹在陶俑彩绘的最底层。用生漆涂抹作底，目的在于使俑体表面滑涩适宜，吸水适度，便于施色，并增强颜色的附着力。

（2）颜料，主要由天然矿物或动植物成分合成，以红、绿、蓝、黄、紫、褐、白、黑8种颜色为主；在主色基础上还有复色和套色，如朱红、粉红、枣红、中黄、粉紫、粉绿……兵马俑的彩绘可谓五彩斑斓。

（3）调和剂，能够将粉末状的颜料调制成液态，且具有黏合力，以动物的皮、骨、筋或蛋清为原料，经水解、萃取和干燥，形成蛋白质固形物。

兵马俑彩绘脱落，与构成彩绘的三种物质紧密相关。因其主要成分均为有机物，会随着时间推移自然降解；老化严重的颜料层失去黏合力，即便进行人工干预，颜料仍会脱落，实在令人惋惜。

两千年前的人工合成颜料

三、兵马俑制作

根据对已出土陶俑的研究，总体来说，兵马俑的制作是以塑为主，塑模结合、分件制作、精雕细琢后入窑烧制，烧成后绘彩。

秦国工匠制模后用泥塑成头部的粗胎。躯干采用从下往上逐步叠加塑模制成粗胎。耳朵、胡须、手、胳膊等分件模制；用刻、削、刮、剔成形，粘接在头部和躯干上。大样制成后，将各部分套合。采用堆、捏、贴、刮、削等方法，精雕细琢出五官、发饰、服饰等。做成后，入窑烧制，温度约为 1000～1050℃。

最后，秦国工匠按照彩绘工艺施色，对兵俑面部、服饰等进行彩绘。兵马俑被称为"千人千面"，其实更是千人千色。发色有的漆黑，有的棕褐；肤色则是粉红、肉红或牙白；眼珠颜色，不同个体也有暗红、漆黑、淡棕的区别。

兵马俑的千人千面

陶俑服饰颜色明快艳丽，以红、绿、蓝、紫色为主，其中绿色居多，白、黑色很少，黄色几乎没有，袖口则以多种颜色包镶。受现代影视剧的影响，大众普遍认为秦军将士及满朝文武，皆用黑色；陶俑服饰五彩缤纷，不符秦制。其实，秦始皇虽"尚黑"，但限定的对象是正式场合的高层人群；"尚黑"更多是尊尚，是天子王侯的尊贵特权。

从已出土的兵马俑来看，秦俑士兵身高一般在 1.7 米至 2 米之间，五官及身体比例按照"三庭五眼""一肩担三头""三拳一肘"的民间绘画口诀制作。按照军种和身份级别获评分类，各陶俑装束、神态各异，发饰有多种，手势各不相同，年龄、面部表情各有差异，注重传神。

任务分析

兵马俑作为秦始皇陵的地下军阵，是秦军横扫六合、如虎狼之师的直观模拟和象征。因其数量多、体形大、雕塑写实且具历史意义，兵马俑被列入世界遗产名录，获评世界十大古墓稀世珍宝。

因"事死如事生"的传统丧葬观念和"秦承周礼"的传统礼仪要求，作为陪葬坑核心的秦始皇陵园，必然存在其他各式各样的陪葬品坑。这些陪葬品坑在空间、规模、内涵等方面的差异，反映出它所代表的各个政府机构及设施在等级、功能及与皇权关系的不同，是秦帝国中央政权各类机构运行机制保留在地下真实的、简要的呈现。这些由秦始皇创造的规制被后代广为继承，故而秦始皇陵园其他陪葬品坑虽被掩盖在兵马俑的盛名之下，但对于我们了解秦代的历史和文化，也是至关重要的。

任务实施

陪葬品坑/出土文物	简要描述	机构设施/政策制度/思想文化
秦半两钱		
秦二十六年铜诏版和秦权		
文官俑		
青铜兵器		
铜车马		
御官俑		

陪葬品坑/ 出土文物	简要描述	机构设施/政策制度/思想文化
乐府钟		
飤官遗址		
马厩陪葬坑		
水禽坑		
百戏俑坑		
石铠甲坑		
跽坐俑坑		

任务评价

(1)做评价：按照对秦始皇陵园陪葬品坑和出土文物的理解熟知程度，对照下表打分。

(2)找问题：通过文物看历史、看文化，你对秦始皇治理下的国家管理、军事体制、国力状况、技术和思想意识延续的客观评价是什么？

任务评价表

内容	分值	要　点	自评	互评	师评
兵马俑军种	20	能详细描述出不同军种的特点			
兵马俑彩绘	20	能详细描述出兵马俑彩绘的技术工艺			
兵马俑制作	10	能详细描述出兵马俑的制作流程			
秦始皇陵园陪葬坑	30	能较完整填写陪葬坑概况和其所代表的机构设施/政策制度/思想文化			
秦始皇陵园出土文物	20	能较完整填写出土文物概况和其所代表的机构设施/政策制度/思想文化			
自我认知（对秦始皇和秦王朝的新认知）					
收获与改进（秦代其他重要出土文物）					

任务四　文字

学习目标

(1)理解秦始皇推行"书同文"的重要性，强化职业素养和人文修养。

(2)掌握汉字演变和石刻拓印的基本内容。

(3)能够分析拓印文化且具有制作拓印制品的能力。

任务导入

　　春秋战国时期，在分裂局面下，呈现"言语异声，文字异形"的状况，七国各自为政，其经济、文化、思想多有不同。秦始皇统一六合，丞相李斯上奏以"秦文"为基点，欲令天下文字"同之"，凡与"秦文"不相符着，通通予以废除，以完成文字的统一。在中国历史上，没有其他阶段比这一时期更能体现国家对文字的重视。"书同文"虽是秦始皇为加强中央集权、推进君主专制的举措之一，对后世有着举足轻重的意义。自秦之后，汉字体系面临分裂的趋势得以遏制，促使以文字为载体的中华文化得以传承。

"书同文"的背后

　　思考：

(1)汉字是如何诞生的，经历了怎样的演变过程？

(2)与文字息息相关的书法和印刷，它们的发展过程是什么？

任务准备

· 主要工具：墨汁、刷子、木槌或拓包、宣纸、喷壶。

· 其他工具：白及水或稀胶水、颜料、保鲜膜。

· 注意事项：课前熟悉"书同文""石刻和拓印"等理论知识，加强对文字演变重要性的认识。

相关知识

一、"书同文"

"书同文"原本是孔子提出的文化理念,可以简单表达为统一的国家要有统一的文字,这是在高度集权的专制统治下,对文化统一的具体要求。古人清楚地明白,文字在历史文明进程中作用巨大,能弥合不同人群间经济、政治、文化、社会的差异和矛盾,助力政权延续、国家长久治安。

因此,秦始皇推行"书同文"政策,规定全国通行统一文字;命李斯、赵高、胡毋敬等人对汉字进行整理,对字形进行改良;小篆成为秦统一之后,通过"罢其不与秦文合者"确立的标准文字。在构建强大的中央集权国家时,为方便书写、上传下达,初步形成了更为简易的隶书,并采取"以吏为师"的方针,通过士农工商日常的使用,完成了民族"大扫盲"。

小篆和隶书并存于秦统一后的文字系统中,就像方言和普通话并存于语言系统中一样。以现代的眼光来看,小篆是官方通行文字,主要用于皇帝诏书和刻石颂功,以及整理商周以来的历史文献档案,以彰显其传承自西周王朝的正统地位。而隶书则以其易辨、易认、易写的优势,迅速在社会各阶级普及。可以说,秦人用小篆改变了六国的用字形态,再以隶书统一了全国文字。

在汉字发展的漫长历史中,秦文字出现在关键节点:平民逐渐开始使用过去由贵族使用的古老汉字,进而导致了汉字在书写上的不同,甚至走向分裂。"书同文"的推行,从文字使用的社会实际出发,遵循了汉字由繁到简的发展规律,将文字作为规范化、实用化的工具,迅速在社会的各个阶层普及,这直接决定了汉字应用和演变的基本走向。

二、汉字的演变

文字,是人类思维与语言的延长,是记录人类思维与语言的可视化符号,是人类社会重要的交际工具和"黏合剂"。汉字是中华民族的伟大发明创造,是迄今为止地球上使用人口最多的母语文字。

带你深入认识小篆和隶书

秦始皇统一文字，以小篆终结古文字阶段，以隶书开启今文字阶段，其举措承上启下。在这前后，汉字的演变经历了几千年，从文字起源到汉代隶书通行，汉字沿着"规范—便捷—规范"的轨迹发展，逐渐演变为我们现在使用的文字。

三、石刻与拓印

秦始皇是"书同文"政策的全面推行者，他四处巡游，以秦小篆石刻昭告天下。相传，李斯手书了秦代金石刻文，金刻如权量诏版，石刻有泰山、琅琊台、会稽、峄山、碣石、芝罘六处刻石。这些刻文不仅是秦王朝重要的政治文献、小篆的最高典范，更是拓印技术发明和发展的重要基础。

拓印，是把石碑或器物表面上刻的文字或图形复印到纸上的一种方法。由于石头或器物上的刻字凹于表面，所以刻有文字或图形的部分就着不上墨；把拓刷完的纸揭下来，会得到黑纸白字（或图形）的复制品，这种复制品就是拓本。

显然，拓印实质上是把刻石或刻字的器物当作印版，而在纸上复印出文图来的。这一复制技术对于发明雕版印刷技术有着非常重要的启示意义。它使人们想到，可以特意把文字或图形刻在某种载体上，然后用纸墨来印制文献。人们在此基础上不断地探索和实践，促成印刷术的诞生。

石刻是拓印产生的母体，历史上的拓片制品中，复制的刻石文字是最多的。而秦石刻，意在"颂秦德，明德意"，是树碑立传，歌功颂德的先锋。至汉代碑碣风行，待造纸术纯熟并出现高质量的纸张后，拓印技术便用以传播知识和信息。

任务分析

古往今来，有无数优秀的拓本文物，可要选出最珍贵的一件，当选《曹全碑》的拓本。《曹全碑》作为汉代隶书的代表作品，是书法雕刻的上乘之作。但《曹全碑》本体却在出土时，出现了不可逆转的损坏。这时就凸显了拓本存在的可贵之处：虽然不是原件，但字迹清晰，让后世人可以继续研究和观赏。

拓印技术如今已被列为非物质文化遗产。古往今来，有太多的文物像《曹全碑》一样，随着时间的推移，很不幸地遭受到了损毁，但只要有拓本在，文物就能够以另外一种形式被保存下来。从这个角度来看，拓印技术十分重要，是我们必须要传承下去的技艺。

任务实施

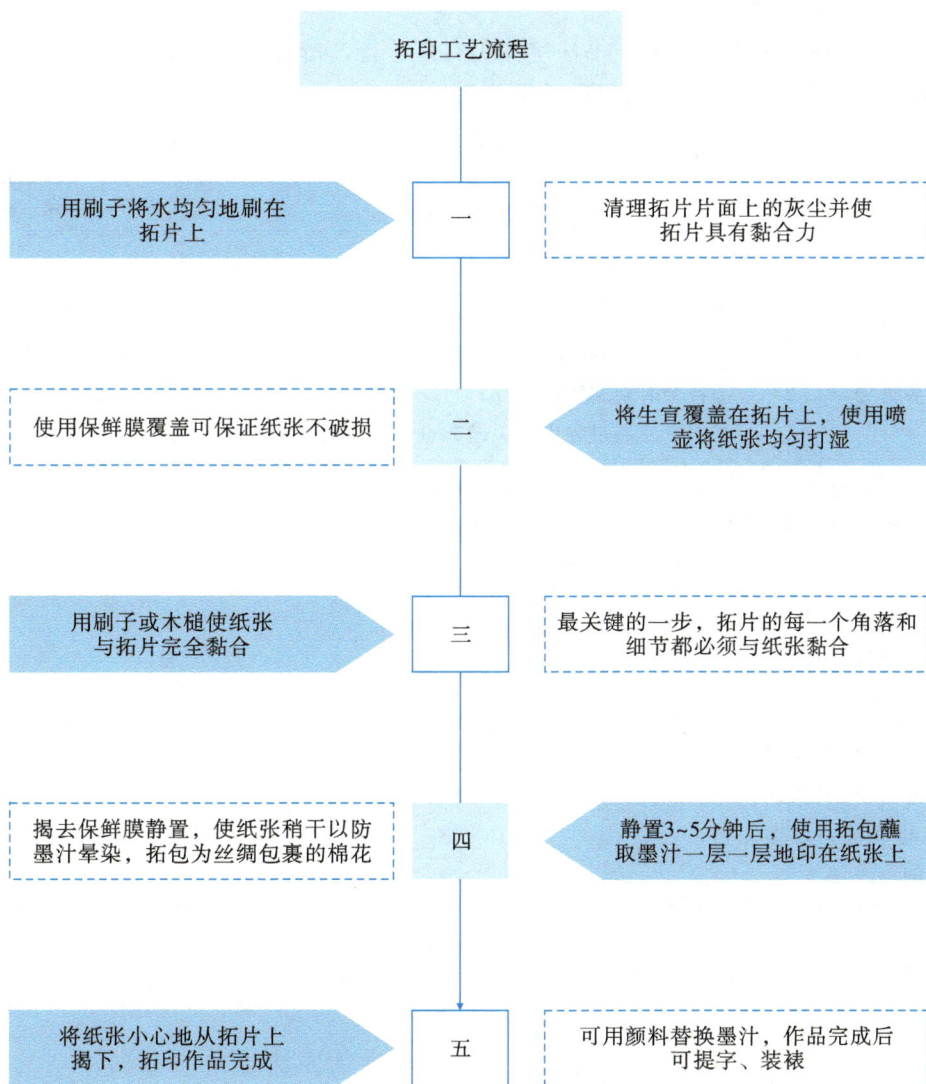

拓印工艺流程

	一	
用刷子将水均匀地刷在拓片上		清理拓片片面上的灰尘并使拓片具有黏合力

	二	
使用保鲜膜覆盖可保证纸张不破损		将生宣覆盖在拓片上，使用喷壶将纸张均匀打湿

	三	
用刷子或木槌使纸张与拓片完全黏合		最关键的一步，拓片的每一个角落和细节都必须与纸张黏合

	四	
揭去保鲜膜静置，使纸张稍干以防墨汁晕染，拓包为丝绸包裹的棉花		静置3~5分钟后，使用拓包蘸取墨汁一层一层地印在纸张上

	五	
将纸张小心地从拓片上揭下，拓印作品完成		可用颜料替换墨汁，作品完成后可提字、装裱

任务评价

（1）做评价：按照对"书同文""文字演变"等知识的掌握程度和对拓印工艺流程的掌握程度，对照下表打分。

（2）找问题：隶书通行后，书法字体仍有草、行、楷等字形演变，同为今汉字系统的一部分，他们之间的区别和联系是什么？

任务评价表

内容	分值	要　点	自评	互评	师评
"书同文"	30	①"书同文"的内涵； ②"书同文"的意义			
文字演变	20	①文字演变的历程； ②各个时期文字的特征； ③文字发展过程中的关键节点			
拓片制作	50	①掌握拓印工艺的制作原理； ②熟悉拓印工艺的制作流程； ③成功制作一幅拓片			
知识总结（古汉字系统字形演变的历程，以秦字为例）					
收获与改进（今汉字系统中不同字体的区别与联系，以秦字为例）					

模块三

汉——丝绸之路，衣冠上国

公元前210年，秦始皇东巡，死于沙丘。李斯与赵高合谋，伪造遗诏，立少子胡亥为二世皇帝。陈胜、吴广起义，后楚汉相争，最终汉并天下，定都关中。汉朝新都城位于秦咸阳城南的长安乡，故取名"长安城"。中国古代的政治、经济、文化、科技经"文景之治"不断繁荣发展。汉武帝派张骞出使西域，开辟丝绸之路，同时北击匈奴、东并朝鲜，开疆拓土，开创"汉武盛世"；至汉宣帝时期国力达到极盛，设立西域都护府，加强对西域的控制，开创"孝宣之治"。

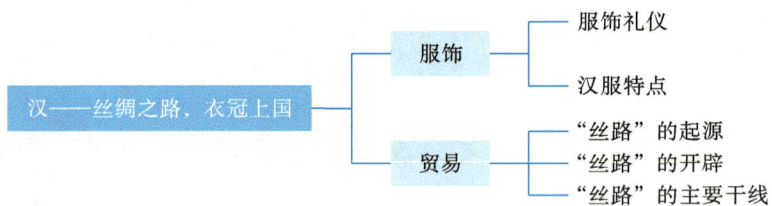

任务五 服饰

学习目标

（1）学习服饰礼仪和汉服特点的相关内容，提升职业素养和人文修养。

（2）掌握传统服饰的起源和发展方向，理解古代服饰文化变革的意义和内涵。

（3）能够借助中国古代服饰文化，在日常生活和职业活动中传播历史文化、弘扬民族自信。

任务导入

"衣"在中国人的观念中是人格的外化和礼仪的载体。"衣者，依也"，这是中国人对"衣"最简洁明了的理解。中国古代对皇帝服饰的规范要求无疑是最为严格的，因此每一时期的宫廷内都有专门管理服饰的部门。汉朝初期，便已设立专门负责皇帝衣冠的部门，织室，织室隶属于九卿之一的"少府"，在织室中劳作的大多是戴罪的女子。服饰与国家之间的紧密联系在西汉时期尤为突出。

西汉时期，服饰与国家的那些"意外"

思考：

（1）如果说"汉承秦制"，"秦承周礼"，秦汉时期设置了服饰管理机构，那么中国古代服饰是否也有相应的礼仪文化？

（2）汉服的主要特点是什么，随着历史的变革，中国古代服饰文化经历了怎样的变迁？

任务准备

（1）熟知"服饰礼仪""汉服特点"的相关理论知识。搜集有关于中国古代服饰变革的传统文化知识。

（2）结合自己的综合素质能力和职业人文素养，提炼中国古代服饰发生三次变革的政治、经济、文化等方面的原因。

一、服饰礼仪

从现有出土文物可知，中国古代服饰发端于旧石器时代晚期，为保护身体、防寒避暑，先民开始穿衣服、着饰品。随着社会文明和国家政体的诞生，服饰被赋予了更广泛的社会含义，如等级和礼制。《周易·系辞下》中说："黄帝尧舜垂衣裳而天下治，盖取诸乾坤"。中国古代服饰文化"始于黄帝，备于尧舜"，源自黄帝制冕服。冕服是最尊贵的礼服，主要用于祭祀活动。根据祭祀对象不同，君王会使用不同的冕服。

古代帝王冕服与十二章纹

《马王堆三号墓遣册》中有关于"汉服"最早的记载："美人四人，其二人楚服，二人汉服。"这里的"汉服"是指汉朝的服饰礼仪制度，即成型于周朝，在《周礼》《仪礼》《礼记》中有详细记录，于汉朝时期依据儒家经典形成完备的冠服体系。汉代以来，《舆服志》《仪卫志》《郊祀志》《五行志》多有涉及上层统治者朝会、祭祀、宴飨的服饰及庞大官僚集团的朝服、官服记载。服饰礼仪制度旨在严明社会等级和身份地位差异，在形制、材质、颜色、配饰上，都有极为详尽的规定。

二、汉服特点

中国古代服饰以"上衣下裳"为特点，与当时的生活条件是相适应的。先秦时人们在室内皆席地而坐，标准姿势为"跽坐"。由于早期服饰中，贴身穿的合裆裤尚未普及，如两腿叉开，在席上箕坐，下身会遮盖不周，是不雅观的，而跪坐则可用裳将下体掩起。

裳既然起这么大作用，自然受到重视。进而在裳外系"市"（也称蔽膝，是贵族男女衣服前部的一种装饰，使用时以革带系于身前，下垂至膝部），它被认为是"人之盛饰"之一，有身份的人还在市前系玉佩。地位越高，玉佩越长，走得越慢，玉佩起到"节步"的作用，体现的正是贵族阶级的礼仪。

同时，古人还有自己独特的发型：束发为髻，贯以发笄，与服饰相伴的发冠、鞋履、配饰、妆容等也各有特色。中国古代服饰文化经历三次变革，各时期的服饰和发型大不相同，在变革中便产生了"深衣""曲裾""袴""襜褕"等具有浓厚时代特色的服饰样式。

1. 深衣

深衣流行于战国至魏晋时期，样式为上衣与下裳相连，衣襟向右后方缠绕，曲裾交叠于身后，一般以薄纱为衣料，衣缘缝有较厚的包边。长度在脚面以上，以免接触尘土；低于脚踝，以免露出皮肤。朝鲜族传统男子服饰部分设计就可能受到了深衣的影响就。

2. 曲裾

因深衣上下相连，须在一侧设曲裾，即将衣襟自腰部接长，使之成为向身后斜裹的下摆，腰间再用带子束结。这样，既不阻碍举步，又能遮住下体，还可以承托玉佩。男装曲裾一般较短，只向身后斜掩一层；女装的曲裾较长，可向身后缠绕数层。

3. 袴

袴类似现代的长筒袜，无裆，只有两个裤腿套在腿上，因此又名胫衣。富贵人家以细绢制袴，"纨绔子弟"由此得名。后经过发展，袴渐渐有了裆，被称作"大袴"，从此之后，有裆的下装成为主流。

4. 襜褕

男式深衣至东汉时已经少见，这时流行的是直裾长衣，也叫襜褕。襜褕较肥大，更合身的一些交领直裾长衣则叫袍。自汉以后，穿长袍已成为男装的主流，突破了上衣下裳的旧制，完成了第一次变革。

任务分析

服饰不仅是人民生活的必需品，有"避寒暑，御风雨，蔽形体，遮羞耻"的实用功能，也是古代文化的重要载体，有"分尊卑，别贵贱，辨亲疏"的社会功能。中国素有"衣冠上国"的美誉，数千年来中华服饰文化的发展历程不仅体现了中华物质文明与精神文明的发展轨迹，也反映了各时期的民族文化和政治经济特点，生动展现了中华民族绵延不断的生活画卷。

任务实施

中国古代服饰变革	内容	变革原因
第一次变革：战国	赵武灵王推行"胡服骑射"改革；深衣形制逐渐演变	
第二次变革：南北朝至唐朝	南北朝：褊衣、长裤、长靴、头巾；隋唐：礼服和常服双轨制；唐男子常服：缺骻袍、幞头、革带、长靴；唐女子常服：襦裙、半臂、披帛	
第三次变革：清朝	推行"剃发易服"政策，传统汉族服饰制度被取代	

任务评价

（1）做评价：按照对"服饰礼仪""汉服特点"等知识的掌握程度和对"中国古代服饰变革"的掌握程度，对照下表打分。

（2）找问题：与服饰相配的发冠、鞋履、配饰、妆容经历了怎样的演变，为什么会有这样的变化？

任务评价表

内容	分值	要　点	自评	互评	师评
服饰礼仪	20	①服饰礼仪的起源和发展； ②服饰礼仪的意义和内涵			
汉服特点	20	①汉服的起源和发展； ②汉服特点和特色服饰			
第一次服饰变革	20	①胡服的引入和未能流行的原因； ②深衣的流行原因			
第二次服饰变革	20	①双轨制诞生的原因； ②各族服制的融合与创新			
第三次服饰变革	20	①本次变革的民族文化特征； ②清代服饰特点			
能力拓展（从属于服制的冠制的演变历程）					

能力拓展

汉服的穿戴方法

任务六　贸易

学习目标

(1)了解丝绸之路的起源和发展的主要内容，提升职业素养和人文修养。

(2)掌握丝绸之路的主要干线，理解丝绸之路经济文化交流的内容和意义。

(3)能够借助丝绸之路，在日常生活和职业活动中传播历史文化、弘扬民族自信。

任务导入

长安曾是东方文明的中心，罗马曾是西方文明的中心，正所谓"西有罗马，东有长安"。在长安和罗马之间有一条路，把罗马与长安连接了起来，成为历史上东西方文明交往的通道，为东西方之间的政治、经济和文化交流做出了巨大贡献。这条通道促进了东西方之间重要的贸易往来，随着中国使者的西去和西域商人的东来，中国的丝绸、漆器等相继传入西方；而西域的植物新品种、毛皮和毛织品、珍禽异兽等也源源不断地输入中国。由于中国丝绸是古代东西方交通线上最亮眼且运输最多的商品之一，因而这条通道被命名为丝绸之路。

思考：

(1)丝绸之路是如何形成并发展的？

(2)丝绸之路的主要路线及其经济文化交流内容有哪些？

任务准备

(1)了解丝绸之路起源、发展和路线的相关理论知识。

(2)搜集与丝绸之路相关的传统文化知识，掌握东西方经济文化交流内容。

(3)整理古代中国通过丝绸之路在商品、文化、科技等方面的输出与输入，总结历史意义。

相关知识

一、丝绸之路的起源

丝绸之路起源于人类对文明、文化的向往。长期以来，中国一直是东亚文明的代表，其文化有益于他人的自然很多；同时他人能惠及我国的，亦有不少。在这种内因的驱动下，中西方的交流成为文明发展、社会进步的重要条件，丝绸之路就此发展起来。

首先，人类皆有追求新知的好奇心。古代东西方之间虽然交流困难，但通过种种直接与间接的渠道相互知晓，因不同的社会条件而产生不同的思维方式与文化。因此，可以说丝绸之路起源于文明的差异性。

其次，人类对更美好的生活有向往。欧亚大陆各地人类在不同环境下，凭借自己的智慧，发展出不同的生产与生活方式。对于古代中国人民而言，将本土的产品运销远方和引进遥远异域的产品之间存在着必要性。

综上，人类社会交往的渴望推动了世界文明间的相互交融和渗透，所以尽管路途遥远，人类却不辞艰险，长途跋涉，接触交流。欧亚草原上的游牧民族与亚洲内陆的绿洲定居民族，数千年来依靠奔驰的骏马与吃苦耐劳的骆驼，以远行贸易的传统，长期扮演着联系东西文明的中间人的角色。

二、丝绸之路的开辟

张骞第二次出使西域率领了规模庞大的使团，携带大量的钱币、丝绸、牛羊，直接抵达乌孙。同时，将其随同副使分遣到大宛、康居、大月氏、大夏、安息、身毒、于阗、扜弥等地，并带着到访国派出的回访使节一起回到长安，从此西域诸国开始更多地与汉朝往来。张骞出使西域，与中亚各国进行了接触和联系，这种外交活动，被誉为丝绸之路的开辟。

两汉时期的对外交通

三、丝绸之路的主要干线

张骞出使西域后，汉朝与西域的使节往来不绝，商旅贸易日益畅通。在随后的2000多年间，无数商贾、旅人沿着张骞的足迹，穿越驼铃叮当的沙漠、炊烟袅袅的草原、飞沙走石的戈壁，来往于各国之间，带来了印度、阿拉伯、波斯和欧洲的玻璃、葡萄酒、马匹、宗教、科技及艺术，带走了中国的丝绸、漆器、瓷器，举世闻名的丝绸之路逐渐形成。

丝绸之路是世界上路线最长、影响最大的文化线路。它始于长安（今西安），跨越陇山山脉，穿过河西走廊，经玉门关和阳关，抵达新疆，沿绿洲和帕米尔高原通过中亚、西亚和北非，最终抵达非洲和欧洲，并向南延伸到印度次大陆。这条伟大的道路连接了中国、印度、希腊三大文明，全长六千多千米，是连接亚洲、非洲和欧洲的古代陆上商业贸易路线，促进了欧亚大陆不同国家、不同文明之间在商贸、宗教、文化，以及民族等方面的交流与融合。

任务分析

历史上，游牧区对金属制品、纺织品、手工制品、药品、粮食等的依赖和农耕区对皮毛、毛织品、畜产品、马匹的需求，促进了两地之间的物品交换，是中原与北方草原关系的基础。即使在中原政权与匈奴失和、双方处于战争状态时，匈奴人仍然愿意互市贸易。而历经千载、绵延万里、横跨欧亚、纵贯古今的丝绸之路，不仅仅是东西方物品流通的商贸之路、财富之路，更是文化艺术交流、科学技术传播的智慧之路、友谊之路。

任务实施

主要输出物	代表物	历史意义
纺织品	丝绸等	
手工制品	漆器、铁器、陶瓷等	

主要 输出物	代表物	历史意义
农作物	桃、梨等	
技术	养蚕、灌溉、造纸、火药、印刷、指南针等	
文化	文字、诗歌等	
其他	茶叶、中草药（如生姜、黄连、茯苓）等	

主要输入物	代表物	历史意义
纺织品	毛织品（如毛毯、毛布）、亚麻布、服饰等	
手工制品	毛皮、香料、玻璃等	
珠宝	青金石、宝石、玉、珊瑚、琥珀、玛瑙、水晶、琅玕、玫瑶、珠贝等	
农作物	苜蓿、葡萄、棉花、菠菜、黄瓜、番薯、马铃薯、花生、玉米、烟草、向日葵、石榴、红蓝花、胡麻、胡桃、蚕豆、胡瓜等	
动物	马匹、骆驼、狮子、犀牛、孔雀等	
文化	天文、历法、医药、乐舞、宗教、饮食风俗等	

主要 输入物	代表物	历史意义
其他	草药书（如《海药本草》）、水银等	

任务评价

（1）做评价：按照对理论知识的学习程度和对任务的实施程度，对照下表打分。
（2）找问题：丝绸之路为什么被认定为我国的非物质文化遗产？

任务评价表

内容	分值	要　点	自评	互评	师评
丝绸之路的起源	10	①丝绸之路起源的两大原因； ②丝绸之路的起源与输入、输出物的辩证关系			
丝绸之路的开辟	10	①张骞出使西域的意义； ②丝绸之路开辟后的发展			
丝绸之路的主要干线	20	①丝绸之路的始发地； ②丝绸之路的路线			
我国在丝绸之路的主要输出物	30	主要输出物的历史意义			
我国在丝绸之路的主要输入物	30	主要输入物的历史意义			
自我认知（对丝绸之路的理解与认识）					
收获与改进（生活中哪些物种与物品是源于"西域"的，源自哪些国家）					

能力拓展

"丝绸之路"与"一带一路"

2000多年前，我们的先辈筚路蓝缕，穿越草原沙漠，开辟出连通亚欧的陆上丝绸之路。这不仅是一条通商易货之路，更是一条文化交流之路，更重要的是，商品和文化交流带来了观念创新。各国不同文明的差异性，犹如新鲜血液注入华夏文化肌体，古丝绸之路绵亘万里，延续千年，积淀了以和平合作、开放包容、互学互鉴、互利共赢为核心的丝路精神。

千年之前的传奇人物和故事已经远去，但"丝绸之路"反映的智慧，还在不断影响我们的生活，丝路先驱所传承的精神，亦足以为后人景仰。在当下，这条古老的丝绸之路又迎来了新的复兴机遇，中国提出"一带一路"（"丝绸之路经济带"和"21世纪海上丝绸之路"），倡议沿线国家继续加强合作与交流，已在世界范围内产生了巨大反响与共鸣，不论时代怎样发展，人类寻求理解、共促繁荣的渴望不会停歇，"和平合作、开放包容、互学互鉴、互利共赢"的丝路精神仍在现实中延续。

　　纵观中国历史，唐朝是最具活力、令人神往的时代之一，是中国人无法磨灭的盛世记忆。梦回大唐，长安城富丽繁华，以其独有的魅力，吸引来自四面八方的异邦人士在此定居。这座城市以盛唐为载体，用全方位的开放姿态，大规模的对外经济与文化交流活动，使其成为当时最为繁盛、文明的国际大都会。大量异邦人士涌入，不仅带来了他们的音乐、舞蹈、服饰，更带来了异域美食。受外来文化的影响，唐代饮食文化发生重大改革，并形成独特的乐舞文化。

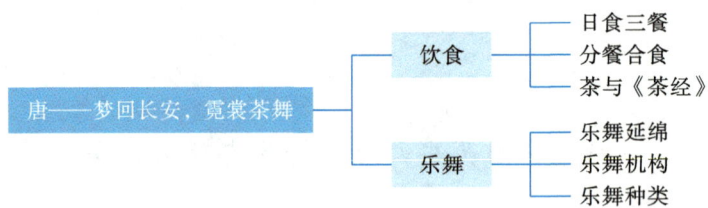

任务七　饮食

学习目标

(1)认识中国传统饮食文化的主要内容,提升职业素养和人文修养。

(2)掌握古代饮食风俗的改革历程、饮食结构的变迁过程,理解中国传统饮食文化的内涵和意义。

(3)能够借助古代茶文化,具备在日常生活和职业活动中传播历史文化、弘扬民族精神的能力。

任务导入

吃,是人类最基本的生存需求。但中国人讲究饮食,在解渴充饥、满足口腹的同时,更追求饮食形式和内容上的精细与完美。中华传统饮食文化源远流长,几千年来滋养着中国人的精神。古代"夫礼之初,始诸饮食""食不厌精,脍不厌细"等饮食理念详细地规定了饮食礼仪,形成对后世影响极大的饮食理论。"丝绸之路"的包容并蓄使不同地区、不同民族之间在物质、文化、艺术等方面的交流空前频繁,极大丰富了我国饮食文化的内涵。日本僧人圆仁在《入唐求法巡礼行记》中记录"街店之内,百种饮食,异常珍满"的盛况,可见大唐无疑是我国饮食文化极为繁荣。

思考:

(1)中华传统饮食风俗经历了怎样的变革?

(2)物种的引入使中华传统饮食结构发生了怎样的变化?

任务准备

(1)熟悉中国传统饮食风俗和茶文化的相关理论知识。

(2)搜集秦、汉、唐的传统饮食文化知识,掌握中国传统饮食风俗改革和饮食结构变迁的内容,归纳其对我国现代饮食体系的影响。

相关知识

一、日食三餐

事实上，我们现在的一日三餐是从唐代开始才逐渐普及的。唐代以前，为适应日出而作、日落而息的农业生活习惯，普通人家都是一日两餐，第一餐在上午七点左右，吃得多些以应付繁重的农业生产劳动，称为"大食"；第二餐在下午三四点钟，因为临近天黑不能再去劳动，所以吃得少些，称为"小食"；时至今日，很多农村地区仍然保持用这个用餐时刻表。

到了唐代，生产力已有了较大的发展，一日两餐已不能满足繁重的农耕活动，于是人们逐步改为一日三餐。第一餐名曰"朝食"，第二餐名曰"昼食"，第三餐名曰"飧食"。但皇帝是一日四食，第一餐在日出之时，第二餐在正午，第三餐在下午三五点，第四餐在日落之后。日食三餐是华夏饮食习俗的一个进步。

二、分餐合食

除了餐食次数，饮食习惯在唐朝也发生了重大变革。唐代以前，古人都坚持采用分食制的饮食风俗，并不像如今我们习惯的那样合桌而食。分食制自先秦一人一案的食礼要求，讲究尊卑高下，位次不同，一人一张桌，各吃眼前饭。但唐代是一个思想开放、衣着开放、生活开放的时代，分食制与盛唐气象显得格格不入，众人更喜欢团团围坐、饮酒作诗、亲近热闹的吃饭氛围，于是合食制应运而生。

三、茶与《茶经》

茶，自秦时进入中国古代饮食的范围，至唐代茶圣陆羽首创"茶道精神"，标志着中国传统茶文化的形成。陆羽在《茶经》中总结前人经验，对茶的起源、产地、用途、典故，乃至栽培、采制、烹煮、饮法、器皿等诸多问题进行了面面俱到的论述。在陆羽的笔下，饮茶文化属于艺术而非口腹之欲，是中华传统文化和中国审美历史上一次极为重要的变革。

1. 制茶

在唐以前，人们将新鲜的茶叶"煮作羹饮"，几乎不作加工；自唐开始，茶叶开始进行深加工，经过采、蒸、捣、拍、焙、穿、封七道工序，将茶叶烘干后压制成饼，以便于储存和运输。其中，蒸青技术可以降低茶叶原本的苦涩味，是茶叶加工必不可少的环节之一。

茶文化　　　　　　　　　宫廷仕女的饮茶娱乐

除饼茶外，唐代茶叶还有粗茶、散茶、末茶等。陆羽认为："茶有九难，一曰造，二曰别，三曰器，四曰火，五曰水，六曰炙，七曰末，八曰煮，九曰饮。"制茶须在二月至四月采摘新鲜的茶叶，蒸青后将其捣碎，装模拍压成或圆、或方、或花的茶饼，先进行自然晾干，再穿孔进行烘焙，烘干后按照定量用捻线穿起来，最后进行封藏。

2. 煮茶

盛唐饮茶受前代影响，主要使用煎煮的方法，先将茶饼掰成小块放于火上炙烤，此为"炙茶"。待烤至又红又干之后捣碎成末，此为"末之"。同时锅中烧水，"取火"以炭为上，柴次之；"选水"以山水为佳，次江水，次井水。"煮茶"后分杯饮用，是为"斟茶"。

陆羽之前的"煮茶"，水开之前要加入盐、葱、姜、花椒、大枣、桂皮、橘皮、薄荷、奶酪、动物油等佐料；陆羽"煮茶"，仅加盐用以调和茶味，所谓"盐如君子，不夺茶味"。他认为，"煮茶"的技巧在于控水，因而有"三沸"之说。

(1)当"沸如鱼目、微微有声"的第一沸时，取适当的盐投入水中。

(2)当"缘边如涌泉连珠"的第二沸时，舀出一瓢水待用，再用竹策环绕在沸水中心搅动，取茶末从中心倒下。

(3)当达到"腾波鼓浪"的第三沸时，将先前舀出的水倒入，以便孕育茶汤的精华，这时茶已基本煮好。

3. 饮茶

除了煎茶煮茶之外，唐代开始出现一种更为简易的饮茶方式——庵茶泡茶，经不断发展后，至今成为我们现代最常使用的饮茶方式——沏茶。庵茶泡茶与陆羽的煎茶法不同，但因其方便的饮用形式和不断提升的茶叶加工技术，最终取代了陆羽提倡的煎茶煮茶。另外，宋代流行的点茶斗茶、明清以后的散茶冲泡，都能在茶道初创的唐代找到其源头。

任务分析

俗话说"民以食为天"，饮食是人类社会生活中不可或缺的一部分。古人在追求果腹的过程中逐渐形成了一套独特的饮食体系和饮食文化，这些文化因素至今仍影响着我们的日常生活。纵观中国古代发展史，国家经济的繁荣，交通条件的便利，农牧业和手工业的高度发达，物种资源的丰富充裕，使我国逐步形成了"饮德食和，万邦同乐"的中华传统饮食文化。

任务实施

朝代	饮食风俗	改革意义
周	食礼主要体现在食物分配上，在三礼中均有记载。如《礼记·王制》规定："诸侯无故不杀牛，大夫无故不杀羊，士无故不杀犬豕，庶人无故不食珍。"《周礼·天官·膳夫》描述天子进膳时规定："凡王之馈，食用六谷，膳用六牲，饮用六清，羞用百有二十品，珍用八物，酱用百有二十瓮。"	
	开始讲究餐具食器的使用，注重饮食卫生和菜肴烹饪	
	宫廷中开始有职责分明的饮食机构	
	中国饮食文化大体成形，社会阶层普遍重视饮食在人际交往中的重要性	
秦	在一些重要的公开场合，人们按照《礼记·曲礼》所述，对进食礼仪有了非常严格的要求，不仅讲求饮食规格，而且对菜肴的摆设也有要求，有一套严格的礼仪制度	
	饮食文化逐步向高层次发展，上层社会的吃喝越发精致；即便是普通百姓，饮食也不再像先前那样单调。同时，不同地域和身份，饮食风俗大相径庭	
	因秦朝统一之后的立国方针是法家政策，法家主张严格限制人民的饮食消费，秦始皇曾下令严禁三人以上聚饮	
	产生第一个饮食节日。清明节前数日，古有寒食节，有云："秦人呼寒食为熟食，言不动烟火，办熟食也。"	

中国传统文化

朝代	饮食风俗	改革意义
汉	汉朝"独尊儒术"使儒家观念深入人心，有身份、有地位的人均以儒家礼仪规范作为行为准则。汉高祖刘邦使人在《礼记》的基础上，进一步制定了严格的食礼。这一时期除了继续尊崇一人一案、正襟危坐的就餐方式，还产生了"不同席、不共食"的饮食礼仪	
	殷实人家开始重视饮食器具，如自建厨房、修筑灶台，甚至开凿私家水井	
	在有了丰厚的物质基础后，人们有了更丰富的追求和享受。菜品的水平大幅度提高，吃的重要性在中国历史上首次上升到一个前所未有的高度	
	立春之时，万物复苏，在这一天，汉朝的人们通常会吃春盘，取"迎新之意"，这也是"二月二龙抬头"吃龙须面的由来。同时，端午吃"五毒饼"，中秋吃"月饼"，九月初九吃花糕取意登高，都是这一时期产生的民间饮食风俗	
唐	胡食的流行、佛教化的倾向、宴饮之风的盛行都是这一时期的饮食文化特点	
	饮食行业发展繁盛，市井之内的酒楼茶肆、餐馆摊贩星罗棋布，宫廷膳食种类之丰富前所未有	
	饮食制作强调食品的光洁透明，饮食造型追求"冰清玉洁"的效果	
	至唐玄宗时期，形成了过生辰食汤饼的风俗；演变至今，我们仍保存着生日时吃长寿面的习俗	

朝代	饮食结构	变迁影响
周	已初具后世粮食、肉类、蔬菜、水果、饮料的各大门类	
	主食：蒸煮谷物为饭，普通百姓以麻菽豆为主，诸侯天子以黍稷稻麦粟为主。小麦尚未普及，春秋时期改小麦粒食为粉食，开始出现面食，如"饼""饵"，但仅为贵族可食之物	
	副食：食肉是贵族的特权，他们按等级享受不同的肉食。牛马主要作为农耕和交通的动力，肉食主要为猪、羊、鸡、狗、鱼等	
	调料：已使用盐、姜、桂、香菌、酱作调味	
秦	空前发达的农业生产为人们的饮食提供了丰富的食品资源，自产的谷物蔬菜种类基本齐全，小米的种植依旧占主导地位	
	主食：普通百姓以干肉干饼和羹汤为主。稀饭根据浓度和材料不同，分为糜、粥、羹等；秦人半农半牧，素喜干食	
	副食：①蔬菜种植出现商品性生产，以葵、藿、薤、葱、韭为主；②肉食主要使用烧烤的烹饪方法，秦人把肉直接放在火上烤，叫作"燔"；穿成串，叫作"炙"；给肉外面包上泥，直接放在火上烤叫作"炰"；③茶进入饮食范围	
	调料：使用醋、蒜来调味	

朝代	饮食结构	变迁影响
汉	食物资源充足，养殖家禽家畜已变得颇为平常；从西域引进了大量新的植物品种，栽培果木也卓有成效	
	主食：以五谷为主。朝廷大力推广民间种植小麦，面食种类极大地丰富起来，出现"胡饼""蒸饼""汤饼""煎饼"等（后流行于大唐时期）；现代的面片即为"汤饼"的一种，馒头即为"蒸饼"的一种	
	副食：①蔬菜种类基本齐备，烹饪以煎炒为主；②民间盛行养鱼，水产品更为丰富，我国最古老的传统食物之一——生鱼片，尤为受到欢迎；③淮南王刘安发明豆腐；④食用水果的饮食习惯开始占据相当重要的地位	
	调料：出现了植物油，如芝麻油、菜籽油等	
唐	辽阔的疆域、便利的交通，与周边国家的良好互动，使异域风情饮食与本土饮食发生了交融与碰撞	
	主食：麦类作物开始超越粟米，稻米的总产量超过粟麦，北面南米的格局逐渐确立。这一时期，各式各样的"饼"是唐人主食的主要构成，毕罗、糕、馄饨、饺子也是重要的面食产品	
	副食：①喜欢将肉食和水果、菜叶夹杂在一起，以此提高饭菜的口感和观赏性，如"樱桃毕罗"；②菠菜从伊朗传入中原；③茶叶成为中国古代饮食的主流饮料；④食用乳制品的范围扩大	
	调料：使用芥末、豆豉砂糖等来调味	

任务评价

（1）做评价：按照对理论知识的学习程度和对任务的实施程度，对照下表打分。

（2）找问题：唐代以后的中国传统饮食文化经历了怎样的变革？

任务评价表

内容	分值	要　点	自评	互评	师评
日食三餐	10	①一日两餐的时间和缘由； ②一日三餐的时间和缘由			
分餐合食	20	①分食制和饮食礼仪； ②合食制的历史原因和发展意义			
饮茶文化	10	茶文化的起源和发展			
茶和《茶经》	20	①制茶的七道工序； ②煮茶的"三沸"技巧； ③饮茶的延续和发展			
任务实施（饮食风俗）	20	①周、秦、汉、唐的饮食风俗的改革； ②饮食风俗改革的历史意义和对现代的影响			
任务实施（饮食结构）	20	①周、秦、汉、唐的饮食结构的变迁； ②饮食结构变迁的历史意义和对现代的影响			
自我认知（茶文化中对茶道、茶礼、茶叶的理解和掌握）					
收获与改进（唐代以后的中国传统饮食文化变革）					

能力拓展

中国传统酒文化的起源与发展。

酒文化

任务八 乐舞

学习目标

(1)认识中国传统乐舞文化的主要内容,提升职业素养和人文修养。

(2)掌握乐舞艺术的发展历程、唐乐舞的种类和机构,理解中外文化的交流和融合对古人思维方式和行为习惯的影响和促进。

(3)能够借助乐舞文化,在日常生活和职业活动中传播历史文化、弘扬民族自信。

任务导入

中国古代才艺双绝的女子数不胜数,最出名的当属四大美女:西施、貂蝉、王昭君和杨玉环。她们的境遇大不相同,身处不同时代,因各自绽放的美而流芳千古。如果非要将她们联系起来,恐怕唯有"乐舞"二字。西施善"响屐舞",铃声清越,身姿婀娜;貂蝉的歌舞"色伎俱佳",罗贯中称赞其"惊鸿宛转掌中身";杜甫笔下的王昭君,怀抱琵琶在大汉的国境以北弹奏一曲哀伤的乐曲;而杨贵妃在历史的长河中,与大唐盛世紧紧相连,《霓裳羽衣曲》更是称绝一时。频繁的物质、文化、艺术交流,促进了乐舞艺术的发展,使唐乐舞达到了中国传统乐舞文化发展的鼎盛时期。

思考:

(1)乐舞文化的起源与发展脉络是怎样的?

(2)唐代乐舞机构有哪些?

任务准备

(1)熟悉中国传统乐舞文化、乐舞机构和乐舞种类的相关理论知识。

(2)搜集唐乐舞的相关知识,掌握唐乐舞的乐舞体系和分类,感悟著名唐乐舞曲目的审美价值和文化内涵。

一、乐舞延绵

中国古代乐舞艺术自周公"制礼作乐"开始，从秦代设立"乐府"管理机构，汉代百戏逐步发展，经过南北朝、隋、唐及中外乐舞的融合推动，至唐代开元时期达到极盛，成为人类文明史中弥足珍贵的文化艺术遗产。

乐舞文化

二、乐舞机构

唐代自宫廷至民间，无人不爱乐舞艺术。先后设立负责祭祀国礼的"太常寺"，负责消遣娱乐的"教坊"和皇家演艺机构"梨园"等乐舞机构。此后凡祭祀朝会用太常雅乐，岁时宴飨用教坊俗乐，而"梨园"则是我国历史上第一座集音乐、舞蹈、戏曲为一体的综合性艺术机构。

三、乐舞种类

唐代乐舞在继承前代传统乐舞的基础上，融合外来乐舞，建立了规模庞大、形式多样、风格迥异、分类精细、内容全面的乐舞体系，体现了大唐海纳百川、包容并蓄的时代精神。

《乐舞图》中的胡旋舞

《乐舞图》中的胡腾舞

唐诗中的柘枝舞

唐乐舞种类

唐乐舞继承了前代歌舞所长，又融入了外来乐舞的元素，经过融合、创新，集诗、乐、舞于一体，集历代文学、音乐、舞蹈艺术的精华于一身。场面恢宏磅礴，乐曲高亢悠扬，动作行云流水，服饰华丽多姿，对后世文化和艺术产生了巨大的影响，是中国传统文化里不可磨灭的靓丽风景线。

任务实施

唐乐舞种类	曲目	审美价值和文化内涵
十部乐	《霓裳羽衣曲》	
坐部伎	唐代三大乐舞之一《秦王破阵乐》（其余两曲为《功成庆善乐》和《上元乐》）	
软舞	《绿腰》	

任务评价

（1）做评价：按照对理论知识的学习程度和对任务的实施程度，对照下表打分。
（2）找问题：唐代以后乐舞形式演变的原因是什么？

任务评价表

内容	分值	要　点	自评	互评	师评
乐舞文化	30	①乐舞艺术的开端； ②乐舞艺术的演变			
乐舞机构	20	①历史上第一个管理乐舞的国家机构——乐府； ②唐乐舞的管理和组织机构			
乐舞种类	20	①唐乐舞的体系和分类； ②其他时期乐舞种类			
乐舞曲目	30	①唐乐舞各种类的特点； ②试从文献、古诗中发掘著名唐乐舞曲目的审美价值和文化内涵			
自我认知（观赏唐乐舞的相关视频影像资料后，梳理其他著名唐乐舞曲目，总结其审美价值和文化内涵）					
收获与改进（思考唐代以后的乐舞形式变化的原因）					

能力拓展

陕西省歌舞剧院唐乐舞剧目

第三部分

旅游美学

第三部分　旅游美学

模块一

认识旅游美学

任务一 旅游美学认知

学习目标

(1)了解旅游与审美的关系。
(2)理解游客的审美需求。
(3)掌握旅游的审美特征。
(4)能应用所学知识解析旅游活动中的审美要素。
(5)能在旅游的审美实践活动中发现美、感受美、体验美、传递美。

任务导入

　　旅游作为一种特殊的社会活动，在实践环节中是一种综合性的活动。游客的审美需求产生于生理和心理上的快感需求，体现在旅游的吃、住、行、游、购、娱六个环节中，每个环节都能给游客以美或不美的感受。那么如何更好地让游客在旅行过程中发现美、感受美、体验美呢？

任务分析

　　旅游审美体验贯穿整个旅程，旅程可以分为三个阶段：(1)行前期待(愿游)：因旅游宣传产生的向往。(2)实地体验(行游、居游、趣游)：在旅行中的实际感受。(3)回味分享(忆游)：旅程结束后的美好回忆。作为旅游从业者，首先要培养自己的审美能力，才能发现旅游资源的美，为游客创造美好的服务体验，满足游客的审美需求。这就需要旅游从业者深入理解游客的审美心理、不同游客的审美偏好，以及如何设计有美感的旅游体验。

任务准备

相关知识和技能点	要点	案例	学习笔记
旅游与审美	旅游与审美的关系	 对于一棵松树的三种态度	
旅游审美 需求与动机	(1)自然审美； (2)社会审美； (3)艺术审美		
旅游审美活动	(1)审美感知； (2)审美想象； (3)审美理解； (4)审美情感	 黄山旅游景观要素分析	

任务实施

任务名称	主要内容	实施计划	实施情况	完成时间
游客满意度调查	请大家为附近的景区做景区游客审美需求和审美满意度调研，并分析游客的审美动机			
旅游审美活动过程分析	以自己的一次旅游活动为例，分析自己的旅游审美活动过程			

任务评价

园区评价表

内容	分值	要 点	自评	互评	师评
园区规划建设满意度分析	20	(1)园区景色; (2)园区整体规划; (3)园区导游图和标识牌; (4)园区基础设施			
旅游纪念品的满意度分析	20	(1)旅游纪念品的种类; (2)旅游纪念品的质量; (3)旅游纪念品的特色; (4)旅游纪念品的价格			
娱乐活动的满意度分析	20	(1)旅游娱乐设施; (2)娱乐项目价格; (3)娱乐安全			
餐饮的满意度分析	20	(1)餐饮特色; (2)餐饮价格; (3)就餐环境			
交通环境的满意度分析	10	(1)园区周边交通状况; (2)园区内交通便利程度			
服务的满意度分析	10	(1)工作人员服务意识与服务态度; (2)园区安全措施; (3)整体环境卫生			
自我认知					
收获与改进					

能力拓展

(1)选择一个自己喜欢的景区进行实地考察,分析其美学价值,并形成文字资料。

(2)一家农庄要开发农业观光旅游,从旅游美学角度看,应研究哪些问题?

模块二

自然旅游资源审美

任务二 自然旅游资源审美方法

学习目标

(1)了解自然旅游资源的审美特征。

(2)掌握自然旅游资源的审美方法。

(3)能够运用对自然旅游资源的审美方法发现美、传递美。

图 2-2-1 为唐朝展子虔所作的《游春图》，是迄今为止存世最古的画卷之一。它描绘了阳春三月人们在江南春游的景象。全图以自然景色为主，青山耸立，江流无际，花团锦簇，人物、寺庙点缀其间，展现出勃勃生机。

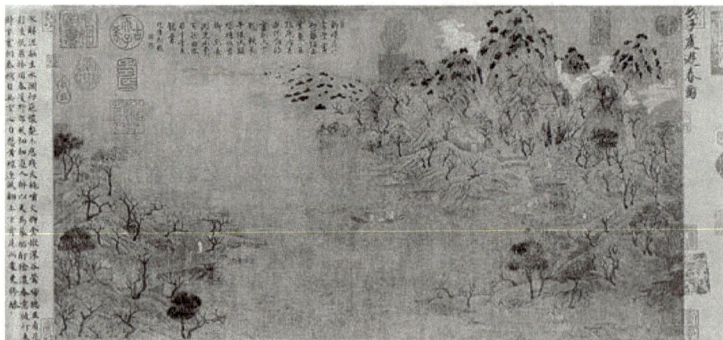

图 2-2-1 游春图

问题：

(1)为何历代文人墨客都爱寄情于山水？

(2)什么是自然旅游资源？如何掌握对自然旅游资源的审美方法？

任务分析

自然旅游资源即能使人们产生美感或兴趣的、由各种地理环境或生物构成的自然景观。它们通常是在某种主导因素的作用和其他因素的参与下，经长期的发育演变而形成。自然风光旅游资源是旅游活动的基本内容之一，在旅游审美文化中有重要的地位，是旅游审美客观对象的重要组成部分。本节以华山景区为例，主要学习如何赏析自然风光旅游资源。

任务准备

相关知识和技能点	要点	案例	学习笔记
自然旅游资源的特征	雄伟、险峻、秀丽、奇特、幽深		
自然旅游资源的构成要素	形态、色彩、声音、气味等	华山——大自然的鬼斧神工与人工美的结合	
自然旅游资源的审美方法	把控审美心境；调整审美状态；选择审美时间、审美距离、审美角度；控制审美节奏		

任务实施

任务名称	主要内容	实施计划	实施情况	完成时间
桂林山水审美体验之旅	（1）查阅桂林山水相关资料。 （2）分析桂林山水构成要素。 （3）总结桂林山水审美特征。 （4）提炼桂林山水审美方法。 （5）制作 PPT，并进行班级汇报			

任务评价

任务评价表

内容	分值	要　点	自评	互评	师评
构成要素分析	20	形态、色彩、声音、气味等要素分析全面、精准			
审美特征分析	20	雄伟、险峻、秀丽、奇特、幽深五形态归类恰当			
审美方法运用	20	(1)能很好地把控审美心境、调整审美状态。 (2)能恰当地选择审美时间、审美距离、审美角度、控制审美节奏。 (3)能挖掘出景观背后的文化资源			
PPT 制作	20	PPT 制作精美，思路清晰，布局合理			
现场讲解	20	声音洪亮、符合导游员讲解时对仪容仪表的要求			
自我认知					
收获与改进					

能力拓展

(1)搜集相关资料，整理自然旅游资源，并分析其审美特征。

(2)查阅相关资料，分析适合平视、俯视、仰视的自然景观，并总结不同角度欣赏所带来的不同的审美感受。

(3)查找中国列入《世界遗产名录》的著名景区名单，并分析这些景区，在旅客游览的过程中，有哪些值得称赞的地方？

任务三　山水景观赏析

（1）了解山水景观的审美特征。

（2）掌握欣赏山水景观的方法。

（3）能对山水景观进行专业的欣赏，并能向游客传递美。

任务导入

九寨沟——"童话般的世界"

欣赏九寨色彩之美：九寨沟的颜色是烂漫而明艳的，用五光十色来形容一点都不为过，有深红、浅红、粉红等同一色系的和谐之美，更有粉与蓝、红与黑等不同色系的对比之美。这里的一切仿佛都可以入画，都可以让你怦然心动。

驻足九寨水体之美：九寨沟的最美之处当然是这里的水，连水的名称都是美的，虽为湖泊却被当地人唤作"海子"。近处绿水，清澈见底；远方蔚蓝，平静无波；水中之影和水上之树融为一体，形成绿与蓝的和谐宁静之美。

聆听九寨声响之美：九寨沟的声响之美在于瀑布声、风声、鸟声。有的细水涓涓，有的急流直下，有的若玉带飘舞，有的似银河奔泻。最为壮观的当属诺日朗瀑布，水流而下，银花四溅，水声隆隆。

感受九寨的动植物之美：九寨沟有大量的动植物资源，构成了多样的美。

问题与思考：

游览山水景观时，如何对其进行赏析呢？

任务分析

山水景观审美是以自然山水作为审美对象，应用各种表现方式展现多姿多彩的山水景观自然之美，使人与自然达到和谐融通的一种审美活动。山水景观审美的特征首先是它的自然性，山水景观审美离不开大自然的山山水水，这种审美必须是源于自然，融于自然，最后又回归于自然的。其次是时空性的特点，自然山水是宇宙空间的一部分，它无边无际，浩渺博大，并且自然界是循环往复变化的，最典型的就是一年四时的更替。最后，山水景观审美的最终归宿必然是人与自然的和谐融合。

本节以杭州西湖为例，一起欣赏山水景观之美。

任务准备

相关知识和技能点	要点	案例	学习笔记
山水景观旅游资源的审美类型	(1)山地景观审美类型： 花岗岩地貌景观； 变质岩地貌景观； 砂岩峰林地貌景观； 丹霞地貌景观； 岩溶洞穴景观。 (2)水体景观审美类型： 江河溪涧； 湖泊水库； 飞瀑流泉； 冰川景观； 风景海域	 杭州西湖——自然景观与人文历史的交织	
山水景观旅游资源的审美方法	(1)观其外在之美：山之形、山之色、山之态。 (2)观水外在之美：水之态、水之声、水之色、水之味、水之韵。 (3)山水精神审美体验		

任务实施

任务名称	主要内容	实施计划	实施情况	完成时间
青海湖景区审美体验之旅	（1）查阅青海湖景区相关资料。 （2）分析青海湖景区构成要素。 （3）总结青海湖景区审美特征。 （4）提炼青海湖景区审美方法。 （5）制作 PPT，并进行班级汇报			

任务评价

任务评价表

内容	分值	要　点	自评	互评	师评
构成要素分析	20	能从形、声、影、光、色、味等角度对水体景观进行分析			
审美方法运用	20	(1)能很好地把控审美心境、调整审美状态。 (2)能恰当地选择审美时间、审美距离、审美角度、控制审美节奏			
景观文化挖掘	20	能挖掘景观背后的文化资源			
PPT 制作	20	PPT 制作精美，思路清晰，布局合理			
现场讲解	20	声音洪亮、符合导游员讲解时对仪容仪表的要求			
自我认知					
收获与改进					

能力拓展

（1）搜集整理不同类型的山水景观旅游资源的代表性景观，并分析其审美价值。

（2）历代文人墨客喜用诗句字画来寄情山水，请搜集相关资料，整理文人墨客留下的相关资料，同时分析在诗句字画中表现的山水景观类型，深挖其背后的文化故事。

任务四 动植物景观赏析

(1)掌握动植物景观的审美特征和价值。
(2)掌握动植物景观的审美方法。
(3)能对动植物景观进行专业的赏析。

任务导入

我国的动物种类繁多，已发现鸟类约1200种；兽类约450种；两栖类约200种；爬行类约300种。这些野生动物不仅可以供人观赏，更能提供大量的羽毛、皮、肉和贵重的动物药材。有的还可以供科学研究、医学实验之用，或者加以驯养，发展畜牧业。

我国的野生兽类，根据它们的经济价值，可以分为毛皮兽、肉用兽、药用兽、观赏兽。其中特别是观赏兽，在科学研究和供人观赏方面具有重要意义。我国著名的观赏兽有长臂猿、金丝猴、大熊猫、小熊猫、东北虎等。在我国的野生动物中，有不少是我国的特产，有不少是世界上著名的珍稀动物，如大熊猫、金丝猴、东北虎、麋鹿、白鳍豚、扬子鳄等。

问题与思考：

(1)动植物景观有哪些类型呢？
(2)游览动植物景观时，我们应如何对其进行赏析呢？

任务分析

动植物旅游资源是自然景观中最富有特色的类型，它们是富于生命活力的自然景观旅游资源，是自然生态化环境的主题，也是自然景观的重要标志，我国动植物资源丰富，生活空间广泛，对动植物的欣赏不仅给人以美的享受，还能使人学到科学知识，激发环保意识和保护动植物的理念。本节以湖北神农架景区为例，一起探讨学习如何进行动植物景观赏析。

任务准备

相关知识和技能点	要点	案例	学习笔记
动植物景观旅游资源审美类型	(1)我国的动物景观 观赏鱼； 观赏鸟； 珍稀动物。 (2)我国的植物资源： 观赏植物； 珍稀植物； 奇特植物； 风韵植物	 神农架自然保护区—— "美丽中国"的标本缩影	
动植物景观旅游资源的审美方法	(1)结合自然景观旅游资源审美方法，观其外在之美。 (2)动物景观： 奇特美； 珍稀美； 愉悦美。 (3)植物景观： 色彩美； 形态美； 声音美； 气味美； 拟人美		

任务实施

任务名称	主要内容	实施计划	实施情况	完成时间
张北大草原动植物资源审美体验之旅	(1)查阅张北大草原动植物资源相关资料。 (2)分析张北大草原动植物资源构成要素。 (3)总结张北大草原动植物资源审美特征。 (4)提炼张北大草原动植物资源审美方法。 (5)制作PPT，并进行班级汇报			

任务评价

任务评价表

内容	分值	要　点	自评	互评	师评
审美特征分析	25	能从动物景观的奇特美、珍稀美、愉悦美，植物景观的色彩美、形态美、声音美、气味美、拟人美角度进行审美特征分析			
审美方法运用	25	(1)能很好地把控审美心境、调整审美状态。 (2)能恰当地选择审美时间、审美距离、审美角度、控制审美节奏			
PPT 制作	25	PPT 制作精美，思路清晰，布局合理			
现场讲解	25	声音洪亮、符合导游员讲解时对仪容仪表的要求			
自我认知					
收获与改进					

能力拓展

(1)以"花中四君子"为例，分析自然景观背后的人文内涵，其对于不同的人群是否有不同的文化价值？

(2)请查阅相关资料，查找我国主要的珍稀动植物资源，并分析在旅游过程中，如何对其进行保护？

模块三

历史文化旅游资源审美

　　历史文化旅游资源即作为旅游客体的人文景观和自然景观，以及一切与旅游有关的文化现象。中国旅游文化资源丰富，历史文化旅游景观是旅游审美客体的重要内容，积淀了前人的智慧、情感、理想和愿望，是人类宝贵的文化遗产。历史文化旅游资源具有强烈的社会性，因而侧重于内容美。其最大魅力在于内在的文化意蕴。本模块主要研究和介绍历史文化旅游景观的审美价值与特征，并对传统建筑、古典园林等典型历史文化旅游景观加以具体赏析。

任务五　历史文化旅游资源审美方法

学习目标

（1）了解历史文化旅游资源的审美特征。

（2）掌握历史文化旅游资源的审美方法。

（3）能在实践过程中，运用所学知识，对历史文化旅游资源进行专业的赏析。

任务导入

兵马俑是古代墓葬雕塑的一个类别。古代施行人殉，奴隶是奴隶主生前的附属品，奴隶主死后奴隶要作为殉葬品为奴隶主陪葬。兵马俑即制成兵马（战车、战马、士兵）形状的殉葬品。

秦始皇兵马俑，简称秦兵马俑或秦俑，是第一批全国重点文物保护单位，第一批中国世界遗产，位于今陕西省西安市临潼区秦始皇陵以东 1.5 千米处的兵马俑坑内。

1961 年 3 月 4 日，秦始皇陵被国务院公布为第一批全国重点文物保护单位。1974 年 3 月，兵马俑被发现。1987 年，秦始皇陵及兵马俑坑被联合国教科文组织批准列入《世界遗产名录》，并被誉为"世界第八大奇迹"，先后有 200 多位外国元首和政府首脑参观访问，成为中国古代辉煌文明的一张金字名片，被誉为世界十大古墓稀世珍宝之一。

问题与思考：

（1）历史文化旅游资源有哪些景观类型？

（2）我们应该如何对历史文化旅游资源进行赏析？

任务分析

历史文化旅游资源作为历史留给人类的宝贵财富，它给我们的生活带来无限乐趣。因此，掌握恰当的审美方法，了解中华优秀传统文化并增长旅游审美知识，了解中华文明在历史中发展的脉络和痕迹，提升个人修养和社会认知，对树立民族文化自信、找寻通向未来的路径是至关重要的。

任务准备

相关知识和技能点	要点	案例	学习笔记
历史文化旅游资源的美感要素	质的要素；量的要素；艺术要素；社会要素		
历史文化旅游资源的审美特征	外观美；生活美；意境美；文化美	万里长城——劳动人民智慧的结晶和历史文化的缩影	
历史文化旅游资源的审美策略	（1）观其外在：距离、位置、动态、节奏等。（2）品其意境：由景导情，通过想象把人与景物相互交融，达到"神与物游""物我两忘""天人合一"的审美境界。（3）悟其文化：挖掘背后文化故事，传播优秀传统文化		

任务实施

任务名称	主要内容	实施计划	实施情况	完成时间
敦煌莫高窟审美体验之旅	(1)查阅敦煌莫高窟相关资料。 (2)分析敦煌莫高窟构成要素。 (3)总结敦煌莫高窟审美特征。 (4)提炼敦煌莫高窟审美方法。 (5)制作PPT，并进行班级汇报			

任务评价

任务评价表

内容	分值	要 点	自评	互评	师评
资料查找	20	(1)资料完整度和全面性好。 (2)查找资料科学准确。 (3)对资料分析精准，能精确地提取所需信息			
审美要素分析	20	(1)质的要素：材质要素的美感分析精准。 (2)量的要素：量的大小分析精准。 (3)艺术要素：艺术表现分析精准。			
审美特征分析	20	(1)外观美。 (2)生活美。 (3)意境美。 (4)文化美			
审美方法运用	20	(1)能精准把握距离、位置、动态、节奏进行外观审美。 (2)由景导情，能通过想象，品味其意境之美。 (3)能通过所学知识，领悟景点背后的历史文化，并进行吸纳			
现场讲解	20	(1)PPT制作精美，思路清晰，布局合理。 (2)声音洪亮、表达清晰，符合导游员讲解时对仪容仪表的要求			
自我认知					
收获与改进					

能力拓展

　　查阅《世界遗产名录》，整理我国主要的历史文化资源，并运用所学知识，对历史文化资源进行美感要素、审美特征及审美方法分析。

任务六　古建筑景观赏析

学习目标

（1）了解古建筑景观的审美特征。
（2）掌握古建筑景观的审美方法。
（3）能够对古建筑景观进行赏析。

任务导入

　　土楼，分布于福建和广东两省，主要有龙岩市境内的永定土楼，漳州市境内的南靖土楼、华安土楼、平和土楼、诏安土楼、云霄土楼、漳浦土楼，以及泉州土楼等。

　　福建土楼产生于宋元，成熟于明末、清代和民国时期。土楼以石为基，以生土为主要原料，分层交错夯筑，配上竹木作墙骨牵拉，丁字交叉处则用木定型锚固。

　　2008年7月6日，福建土楼在加拿大魁北克城举行的第32届世界遗产大会上，被正式列入《世界遗产名录》。截至2008年，世遗土楼中最古老和最年轻的均在初溪土楼群，直径66米的集庆楼已届600"高龄"，直径31米的善庆楼则仅有30年历史。

　　问题与思考：

　　（1）古建筑景观有哪些类型呢？
　　（2）游览古建筑景观时，我们如何对其进行赏析呢？

任务分析

　　中国文化博大精深，这些文化通过中国古人的智慧集中在房屋建筑中，使得古建筑成为中国文化中最具代表性的一部分，凭借它特有的建筑风格和建筑理念，中国古建筑在世界建筑史中占有了一席之地。

　　虽然一些古代建筑很久远，但其中的文化依然值得学习借鉴，作为炎黄子孙，建筑文化也是中国传统文化的一部分，不仅要发展现代建筑，更要吸收古建筑中的营养，走出中国特色建筑之路，让中国古建筑文化得以传承和延续。

　　在大兴土木的同时，我们要用发展的眼光来看待并保护古代建筑及其蕴含的文化特质。做到既让古代建筑文化保存于世，又让古代文化遗产产生现代价值。

任务准备

相关知识和技能点	要点	案例	学习笔记
古建筑景观的美感要素	框架式结构； 庭院式组群； 装饰性屋顶； 丰富的色彩		
古建筑景观的审美类型	宫殿建筑； 民居建筑； 宗教建筑； 陵墓建筑； 祭祀建筑	故宫博物院——礼制等级 思想下的艺术建筑殿堂	
古建筑景观的审美方法	(1)观其外在： 距离、位置、动态、节奏等。 (2)悟其文化： 风水学说、礼制思想、家国思想		

任务实施

任务名称	主要内容	实施计划	实施情况	完成时间
北京四合院审美体验之旅	(1)查阅北京四合院相关资料。 (2)分析北京四合院构成要素。 (3)总结北京四合院审美特征。 (4)提炼北京四合院审美方法。 (5)制作 PPT，并进行班级汇报			

任务评价

任务评价表

内容	分值	要　点	自评	互评	师评
资料查找	20	(1)资料完整度和全面性好。 (2)查找资料科学准确。 (3)对资料分析精准，能精确地提取所需信息			
审美要素分析	20	能从结构、颜色、布局方式、装饰特点几方面进行分析，且精准合理			
审美类型分析	20	能对宫殿建筑、民居建筑、宗教建筑、陵墓建筑、祭祀建筑类型精准分析			
审美方法运用	20	(1)能精准把握距离、位置、动态、节奏进行外观审美。 (2)由景导情，能通过想象，品味其意境之美。 (3)能通过所学知识，领悟景点背后的历史文化，并进行吸纳			
现场讲解	20	(1)PPT制作精美，思路清晰，布局合理。 (2)声音洪亮、表达清晰，符合导游员讲解时对仪容仪表的要求			
自我认知					
收获与改进					

能力拓展

(1)查阅相关资料，分析梁柱式结构的优点。

(2)查阅相关资料，总结我国古代建筑，分析其在哪些方面体现了森严的等级制度。

(3)查找我国代表性的五大民居建筑，运用本节所学知识，分析其主要审美特征。

任务七　古典园林景观审美体验

学习目标

(1)了解古典园林景观的审美特征。

(2)掌握古典园林景观的审美方法。

(3)能够利用所学知识对古典园林景观进行赏析。

任务导入

留园，曾名"东园""寒碧山庄"，位于江苏省苏州市姑苏区留园路338号，南临留园路，北至半边街，东临市汽车客运集团有限公司，西为绣花弄，于明万历二十一年(1593年)始建，其后多有荒废易主，1953年，苏州市人民政府决定修复留园，其后不断修缮整治。

留园为中国大型古典私家园林，占地面积23 300平方米，代表清代风格，留园以建筑艺术著称，厅堂宽敞华丽，庭院富有变化，整个园林采用不规则布局形式，使园林建筑与山、水、石相融合而呈天然之趣。利用云墙和建筑群把园林划分为中、东、北、西四个不同的景区。留园内亭馆楼榭高低参差，曲廊蜿蜒相续有700米之多，颇有步移景换之妙。

1961年3月4日，留园被中华人民共和国国务院列入第一批全国重点文物保护单位。1997年12月，作为苏州古典园林典型例证，经联合国教科文组织批准，留园与拙政园、网师园、环秀山庄共同列入《世界遗产名录》。2007年，苏州园林(拙政园、虎丘山、留园)被评为国家AAAAA级景区。

问题与思考：

(1)古典园林景观有哪些景观类型呢？

(2)游览古典园林景观时，我们应该如何对其进行赏析呢？

任务分析

中国古典园林艺术是人类文明的重要遗产。它是全世界公认的世界园林之母，是世界艺术之奇观。中国园林以江南古典园林和北方皇家园林为代表，是全人类宝贵的历史文化遗产。所以，学习古典园林景观的造园要素和造园手法，学会古典园林景观的赏析方法，对继承和发扬我国优秀的造园文化具有重大意义。

任务准备

相关知识和技能点	要点	案例	学习笔记
古典园林景观的美感要素	(1)造园要素：山水、植物、园林建筑。 (2)造园手法：抑景、透景、添景、夹景、借景、对景、框景、漏景		
古典园林景观的审美类型	皇家园林、私家园林、寺庙园林	留园——私家园林的山水明珠	
古典园林景观的审美方法	(1)观其自然美。 (2)品其意境美。 (3)悟其含蓄美		

任务实施

任务名称	主要内容	实施计划	实施情况	完成时间
北京颐和园审美体验之旅	(1)查阅北京颐和园相关资料。 (2)分析北京颐和园构成要素。 (3)总结北京颐和园审美特征。 (4)提炼北京颐和园审美方法。 (5)制作 PPT，并进行班级汇报			

任务评价

任务评价表

内容	分值	要　点	自评	互评	师评
资料查找	20	(1)资料完整度和全面性好。 (2)查找资料科学准确。 (3)对资料分析精准，能精确地提取所需信息			
审美要素分析	20	能从山水、建筑、植物特点几方面进行分析，且精准合理			
审美类型分析	20	能对皇家园林、私家园林、寺庙园林类型精准分析			
审美方法运用	20	(1)能精准把握距离、位置、动态、节奏进行外观审美。 (2)由景导情，能通过想象，品味其意境之美。 (3)能通过所学知识，领悟景点背后的历史文化，并进行吸纳			
现场讲解	20	(1)PPT制作精美，思路清晰，布局合理。 (2)声音洪亮、表达清晰，符合导游员讲解时对仪容仪表的要求			
自我认知					
收获与改进					

能力拓展

(1)查阅相关资料，分析江南私家园林的造景手法。

(2)查阅相关资料，分析对比私家园林、皇家园林及寺庙园林的异同点。

模块四

社会生活旅游资源欣赏

　　社会生活旅游资源与人的社会性、资源范畴的拓展性、旅游需求的多样性高度契合，是最具活力和潜力的旅游资源类型。它指以一定的空间和时间为载体，由当代人类所创造的具有旅游吸引力、不以旅游为主体功能的，与人的生产生活密切相关的事物、现象和活动。

任务八　社会生活旅游资源审美方法

(1)了解社会生活旅游资源的审美特征。

(2)掌握社会生活旅游资源的审美方法。

(3)能够利用所学知识，对社会生活旅游资源进行赏析。

任务导入

"那达慕"是蒙古语音译意为"娱乐、游戏"。"那达慕"大会是蒙古族历史悠久的传统节日，在蒙古族人民的生活中占有重要地位，多在夏秋季节祭敖包时举行。

每年在七八月牲畜肥壮的时节举行的"那达慕"大会上有惊险刺激的赛马、精彩的摔跤、令人赞赏的射箭、引人入胜的歌舞。赛马是大会上重要的活动之一。比赛开始，骑手们一字排开，个个扎着彩色腰带，头缠彩巾，洋溢着青春的活力。赛马的起点和终点插着各种鲜艳的彩旗，只等号角长鸣，骑手们便纷纷飞身上鞍，扬鞭策马，一时红巾飞舞，如箭矢齐发。前五名到达终点者，成为草原上最受人赞誉的健儿。射箭、摔跤等比赛也吸引着众多牧民。

2006年5月20日，那达慕经国务院批准列入第一批国家级非物质文化遗产名录。

问题与思考：

社会生活类的旅游资源有哪些类型？如何对其进行赏析？

任务分析

社会生活审美是社会实践的直接表现，人们为改造自然、改造社会、美化生活而进行的一系列实践活动正是社会生活审美产生的根源。在旅游审美活动中，社会生活审美活动由于其丰富性、独特性常常受到旅游者的青睐，在欣赏过旅游景区的自然风光后，他们还希望进一步了解当地的风土人情，感受异乡独特的文化气息。走马观花、浮光掠影式的游览只能在形式上对其有一个粗略了解，很难真正把握其中深层次的文化内涵与精神。在以社会生活为主要对象的旅游审美活动中，应当在准备背景知识、调整审美心态、参与审美体验、领悟审美价值这四方面加以重视，并遵循恰当的审美方法，才能真正领略到社会生活旅游资源的独特魅力。

任务准备

相关知识和技能点	要点	案例	学习笔记
社会生活旅游资源的美感要素	社会主体美； 社会产品美； 社会环境美		
社会生活旅游资源的审美特征	时间性； 地域性； 文化性	中国非物质文化 遗产——苗族服饰之美	
社会生活旅游资源的审美方法	(1)了解背景知识。 (2)进入审美状态。 (3)参与审美体验。 (4)感悟审美文化		

任务实施

任务名称	主要内容	实施计划	实施情况	完成时间
藏族美食体验之旅	(1)查阅藏族美食相关资料。 (2)分析藏族美食构成要素。 (3)总结藏族美食审美特征。 (4)提炼藏族美食审美方法。 (5)制作 PPT，并进行班级汇报			

任务评价

任务评价表

内容	分值	要　点	自评	互评	师评
资料查找	20	(1)资料完整、全面等。 (2)查找资料科学准确。 (3)对资料分析精准，能精确地提取所需信息			
审美要素分析	20	能从社会主体美、社会环境美等几方面对社会生活旅游资源进行分析			
审美特征分析	20	能对社会生活旅游资源的时间性、地域性、文化性进行精准分析			
审美方法运用	20	(1)由景导情，能通过想象，品味其意境之美。 (2)能通过所学知识，领悟景点背后的历史文化			
现场讲解	20	(1)PPT制作精美，思路清晰，布局合理。 (2)声音洪亮、表达清晰，符合导游员讲解时对仪容仪表的要求			
自我认知					
收获与改进					

能力拓展

(1)查阅相关资料，分析各民族的饮食和服饰特点，总结审美特征，并分析为何"一方水土养一方人"？

(2)查阅相关资料，分析我国特色民族建筑背后的文化故事。

任务九　民俗景观审美体验

学习目标

(1)了解民俗景观的审美特征。

(2)掌握民俗景观的审美方法。

(3)能够利用所学知识对民俗景观进行赏析。

任务导入

乔家大院是全国重点文物保护单位、国家二级博物馆、国家文物先进单位、国家级青年文明号、山西省爱国主义教育基地。

乔家大院由在中堂、德兴堂、保元堂、宁守堂和乔家花园五部组成，位于山西省祁县乔家堡村，始建于1755年。

乔家大院陈展有5000多件珍贵文物，集中反映以山西晋中一带为主的民情风俗，陈列农俗、人生仪礼、岁时节令、衣食住行、商俗、民间工艺、乔家史料、乔家珍宝、影视专题等。

乔家大院是雄伟壮观的建筑群体，设计精巧，工艺精细，体现中国清代民居建筑的独特风格，具有相当高的观赏、科研和历史价值，被称为"北方民居建筑的一颗明珠"，素有"皇家有故宫，民宅看乔家"之说，名扬三晋，誉满海内外。在2018年中国黄河旅游大会上，乔家大院被评为"中国黄河50景"。

问题与思考：

民俗类景观是如何形成的？在旅游过程中，有何审美价值？

任务分析

民俗景观包括民间风俗习惯、文化活动、历史底蕴等。民俗文化由人们世世代代传承，并不断发扬，而后成为为当地经济创造可观收益的景观。民俗文化主要包括民俗工艺文化、民俗装饰文化、民俗饮食文化、民俗节日文化、民俗戏曲文化、民俗歌舞文化、民俗绘画文化、民俗音乐文化、民俗制作文化等。民俗文化热主要是通过对民俗景观的开发、包装、利用、宣传，吸引大量旅游者，使旅游者对民俗景观文化在一定阶段内产生好奇、向往、追求、探索的心理，从而使经济效益在一定时期内得到迅猛的发展。

任务准备

相关知识和技能点	要点	案例	学习笔记
民俗景观的美感要素	(1)物质生活民俗： 服饰； 饮食； 建筑。 (2)精神生活民俗： 宗教； 禁忌； 节庆； 语言		
民俗景观的审美特征	时间性； 地域性； 文化性； 参与性； 民族性	 华阴老腔——黄土地上的摇滚乐	
民俗景观的审美方法	(1)了解背景知识。 (2)进入审美状态。 (3)参与审美体验。 (4)感悟审美文化		

任务实施

任务名称	主要内容	实施计划	实施情况	完成时间
傣族泼水节体验之旅	(1)查阅傣族泼水节相关资料。 (2)分析傣族泼水节构成要素。 (3)总结傣族泼水节审美特征。 (4)提炼傣族泼水节审美方法。 (5)制作PPT，并进行班级汇报			

任务评价

任务评价表

内容	分值	要　点	自评	互评	师评
资料查找	20	(1)资料完整、全面。 (2)查找资料科学准确。 (3)对资料分析精准，能精确地提取所需信息			
审美要素分析	20	能从社会主体美、社会环境美等几方面对社会生活旅游资源进行分析			
审美特征分析	20	能对民俗景观资源的时间性、地域性、文化性进行精准分析			
审美方法运用	20	(1)由景导情，能通过想象，品味其意境之美。 (2)能通过所学知识，领悟景点背后的历史文化			
现场讲解	20	(1)PPT制作精美，思路清晰，布局合理。 (2)声音洪亮、表达清晰，符合导游员讲解时对仪容仪表的要求			
自我认知					
收获与改进					

能力拓展

(1)查阅相关资料，总结各民族的宗教习俗和禁忌习俗。

(2)在游客旅行过程中，如何利用民俗资源增强游客的活动参与度？

任务十 乡村景观审美体验

学习目标

(1)了解乡村景观的审美特征。

(2)掌握乡村景观的审美方法。

(3)能够利用所学知识，对乡村景观进行赏析。

任务导入

宏村镇，古称弘村、七侠镇，安徽省黄山市黟县辖镇，位于黟县东北部。地理坐标：东经 117°38′，北纬 30°11′。占地面积 188.95 平方千米。

2000 年 11 月 30 日，宏村被联合国教科文组织列入了世界文化遗产名录，是国家首批 12 个历史文化名村之一，国家级重点文物保护单位、安徽省爱国主义教育基地、国家 AAAAA 级景区。

宏村有"画里乡村"之称，主要景点有南湖春晓，书院诵读，月沼风荷，牛肠水圳，双溪映碧，亭前古树，雷岗夕照等。

2016 年 10 月 14 日，宏村镇被国家发改委、财政部以及住建部共同认定为第一批中国特色小镇。

问题与思考：

乡村景观有何审美价值？应如何对其进行赏析？

任务分析

乡村旅游资源是指能吸引旅游者前来进行旅游活动，为旅游业所利用，并能产生经济、社会、生态等综合效益的乡村景观客体。它是以自然环境为基础、人文因素为主导的人类文化与自然环境紧密结合的文化景观，是由自然环境、物质和非物质要素共同组成的和谐的乡村地域复合体。

任务准备

相关知识和技能点	要点	案例	学习笔记
乡村景观的审美特征	生态性； 和谐性； 参与性	 婺源——生态休闲型美丽乡村	
乡村景观的审美方法	(1)了解背景知识。 (2)进入审美状态。 (3)参与审美体验。 (4)感悟审美文化		

任务实施

任务名称	主要内容	实施计划	实施情况	完成时间
乌镇体验之旅	(1)查阅乌镇相关资料。 (2)分析乌镇构成要素。 (3)总结乌镇审美特征。 (4)提炼乌镇审美方法。 (5)制作 PPT，并进行班级汇报			

任务评价

任务评价表

内容	分值	要　点	自评	互评	师评
资料查找	20	(1)资料完整、全面。 (2)查找资料科学准确。 (3)对资料分析精准，能精确地提取所需信息			
审美要素分析	20	能从社会主体美、社会环境美等几方面对乡村旅游景观进行分析			
审美类型分析	20	能精准分析乡村旅游景观的审美特征			
审美方法运用	20	(1)由景导情，能通过想象，品味其意境之美。 (2)能通过所学知识，领悟景点背后的历史文化，并进行吸纳			
现场讲解	20	(1)PPT制作精美，思路清晰，布局合理。 (2)声音洪亮、表达清晰，符合导游员讲解时对仪容仪表的要求			
自我认知					
收获与改进					

能力拓展

　　搜索相关资料，选取你感兴趣的乡村旅游资源，进行审美特征三要素及审美四步骤分析。

第四部分

旅游大数据分析

第四部分　旅游大数据分析

第 1 章

旅游大数据

1.1　旅游大数据介绍

一、旅游大数据的来源及特点

近年来，随着 5G 高速发展，文字、图片、音频、视频等数据大量涌现，社交网络、物联网、云计算等广泛应用，用户可以更加便捷地发布与获取数据，进而推动用户的个人数据，繁杂的用户生成内容成为庞大的数据来源，数据的规模也在悄然增长。

大数据介绍

大数据(Big Data)是使用新型的软件处理系统来分析处理的海量的、复杂的信息数据资产。业界通常采用 4V(Volume、Variety、Value、Velocity)来概括大数据的特征。

单从存储量方面考量的话，从最小的数据存储单位 bit 开始，按顺序往上 B、KB、MB、GB、TB、PB、EB……各物品及其大小见表 4-1-1。

表 4-1-1　各物品及其大小

序号	物品描述	大小
1	一封电报	100B
2	一则短文	1KB
3	一篇文章	10KB
4	一张低分辨率照片	100KB
5	一部长篇小说	1MB
6	一张胸透胶片	10MB
7	一部百科全书	100MB
8	一张 CD 光盘	500MB
9	一部高清电影	1GB
10	一卷大型数字磁带	100GB
11	五万棵树制成的纸	1TB
12	一套大型存储系统	50TB
13	NASA EOS 对地观测系统三年数据	1PB
14	全人类说过的所有的话	5EB

二、大数据的应用

1. 疫情控制

手机扫描健康码，社区、乡村工作人员精准排查来往人员；在机场、码头、车站，用大数据实现旅客行踪可追溯；实时疫情地图将疫情数据的空间特征、时间特征和数量特征进行可视化表达。

新型冠状病毒出现以来，大数据、云计算、人工智能等新一代信息技术加速与交通、医疗、教育、金融等领域深度融合，让疫情防控的组织和执行更加高效，成为战"疫"的强有力武器。

从疫情信息统计分析，到流动人员健康监测、确诊病例追踪，再到疫情态势研判、预测，大数据技术助力筑牢疫情防控网，为科学防控、复工复产、民生保障等提供了有力支撑。

2. 旅游

物联网中商品与物流信息、互联网中人与人之间的交互信息、位置信息等是大数据的三个主要来源。大众旅游时代的全域旅游发展不再依靠感性经验，而是需要依托大数据进行决策。大数据有助于旅游目的地的战略定位与精准营销和旅游业态与产品的创新。

1.2　旅游信息化及旅游大数据兴起

一、旅游信息化

旅游信息化是指应用计算机技术、信息技术、数据库技术和网络技术，整合各类旅游信息资源，使之成为旅游业的生产力，成为推动旅游业发展、提高旅游业管理水平的重要手段，以信息化的发展来优化旅游经济的运作，实现旅游经济的快速增长。

二、智慧旅游的发展

智慧旅游的发展领域主要包括智能酒店管理系统、景区 RFID 智能系统、景区智能远程视频监控系统、智能导游系统和智能旅行社系统等。智慧旅游的核心是服务，其建设与发展最终将体现在旅游管理、旅游服务和旅游营销三个层面上。随着"一带一路"、特色小镇、全域旅游等概念的兴起和落地，智慧旅游建设需求也呈现井喷状态，"全民出游"催热智慧旅游方式，越来越多的景区推出以网络预订、网上支付、在线咨询等为内容的智慧旅游服务，智慧旅游已成为我国旅游业发展的新趋势。通过 App、微信公众号和微信小程序等，全面覆盖游客在游前、游中、游后的各项需求，满足和提升游客吃、住、行、游、娱、购的需求和体验，并通过诚信体系、投诉平台的建设，让游客全程省心、安心、放心，成为智慧旅游建设的新标杆。

三、旅游大数据的兴起和发展

旅游业将是大数据应用前景最广阔的行业之一。旅游大数据可以进行游客属性分析、游客行为分析、游客景区或目的地的偏好分析，以及景区或目的地流量预测等。通过分析，能够有效促进旅游目的地的智慧化发展，推动旅游服务、旅游营销、旅游管理的变革。首先，在旅游管理方面，国内各大运营商及互联网公司，通过 LBS 定位及手机信号定位，实现对景区重点区域内的游客人流、车流密度的监测、预警，同时基于网络文本数据的挖掘，实现对旅游目的地舆情监测及预警；其次，在游客服务方面，基于对旅游产品、旅游线路的数据挖掘、分析、实现对游客旅游资讯及旅游产品信息精准推送；最后，在旅游营销方面，通过对不同用户属性信息及用户兴趣偏好等数据的挖掘分析，指导旅游目的地精准营销。

在旅游行业内，大数据的应用主要体现在管理、服务和营销三个维度。大数据使旅游管理呈现智慧化的趋势，基于对大数据的运用，可以实时对旅游行业的发展过程进行监控、舆情分析，以便于及时发现问题、解决问题，以此来降低旅游行业内的管理成本。其次，在服务方面，大数据使得旅游行业的服务更加人性化、便捷化、个性化，基于对不同游客的偏好数据的相关分析，旅游从业者能够对旅游者的消费特性更加清楚明了，以便提供个性化、人性化的高端服务，同时科技也为服务提供了便捷。再者，大数据在旅游行业的应用表现在旅游的智慧营销方面，大数据使得旅游营销可以根据游客的特性进行有针对性的营销，传统营销向智慧营销转变。

从旅游行业的微观角度来分析，旅游大数据主要在交通大数据（如航空大数据）、住宿大数据、景区大数据、旅行社大数据、在线旅行社（Online Travel Agency，OTA）、在线预订数据、食住行游购娱等方面运用。

1. 交通大数据

在预订方面，航空大数据主要是用于后台实时监控机票价格的浮动来进行后续的价格调整，以及航线直飞的路线选定等方面；在机场服务方面，透过 CRM（客户关系管理）最快速、最大限度地满足客户需求，提供贵宾室服务，基于航班历史数据判断航空的准点率，改进航班延误险服务；在目的地服务方面，对旅游需求进行定位分析，如商务需求或旅游休闲需求；在服务种类方面，针对不同的出游形式进行大数据分析。

2. 住宿大数据

住宿的大数据分为住前、住中和住后数据。其中住前数据就是用户在入住前的选择行为数据，比如用户在 OTA 平台的搜索数据、浏览数据、预订交易等，这些数据反映着整个市场需求和用户偏好。住中数据就是指客人在酒店入住过程中形成的数据，即酒店管理系统（Property Management System，PMS）中的经营数据。住后数据有客人对酒店的点评、调查问卷、口碑数据等。其中，专家暗访数据也属于住后数据，这些数据基于客人和专家的角度，反映了酒店的产品及服务价值。酒店通过口碑评论大数据将口碑管理与内部管理打通，在口碑与价格监测、智能门锁与后台数据打通等方面实现了智能化的应用和管理。

3. 景区大数据

景区大数据分为游前、游中、游后数据。其中游前数据就是旅游者在旅游前的搜索选择行为产生的数据，比如 OTA 订单数据、游客画像、购买行为等。游中数据主要是入园人数实时数据和旅游者在景区内的消费方式、行动轨迹和参观感知等数据。游后数据则是指旅游者在旅游后对旅游过程的反馈数据，比如景区口碑和意见反馈等。

4. 旅行社大数据

导游大数据使旅行社对导游的监控更加快捷方便，对导游的相关数据如口碑数据和个性化服务等数据更加明晰。其次，通过对带团实时的数据监测、导游导览轨迹的追寻、进店情况的追踪、投诉情况的跟踪、OTA 渠道销售数据、低价团监测数据、热销线路与产品等相关数据，对旅行社出团情况进行大数据分析。

5. OTA 在线预订数据

OTA 在线预订数据分为线上销售预订数据和消费行为数据。其中线上销售预订数据主要是产品的销量、价格等相关数据和线上预订的区域分布数据，以及游客的年龄、性别、职业、消费能力等游客画像。消费行为数据主要是指旅游者的浏览、搜索所产生的数据和旅游者的回购率和消费水平等相关数据。

6. 行程助手

行程助手作为一款行程规划工具，其主要功能有基于 AI 的智能助理（AI 智能设备、随时导游等）；路线规划；发现旅行（个性化线路和产品推荐等）。

四、旅游信息化与旅游大数据

旅游信息化是旅游大数据的前提，旅游大数据则是旅游信息化的核心，尤其对于及时、全面、准确地了解游客偏好和行业特征有着至关重要的作用。目前中国旅游行业信息化的特点：信息化水平相对于其他行业偏低、不同环节信息化发展水平极不平均、旅游线上化趋势倒逼旅游行业信息化程度提升等。

大数据时代，旅游业对信息化建设有着迫切的需求。从当前消费者的需求来看，旅游者希望通过一个窗口获取旅游过程中涉及的食、宿、行、游、购、娱等各种服务，这种一站式的消费诉求要求旅游企业（旅行社、宾馆、旅游景点等）提供综合性服务，这也是现代旅游业发展的趋势，而这种综合性服务必须依靠强大的信息网络来支撑。与此同时，游客在线上 OTA 平台发布的内容生成新的客源信息，信息进一步转化为庞大的用户偏好数据，从而服务于企业的未来管理和运营。

1.3 旅游大数据发展现状及应用

一、旅游大数据发展现状

(一)数据来源

旅游行业的产业综合程度高,涉及交通、房地产、餐饮等交叉领域,同时信息高度密集,游客、管理者、运营者等行业参与者皆处于一种高度活跃的数据产生状态。根据数据产生的地理空间的不同可分为本地数据和外部数据两大类。

1. 本地数据

本地数据主要包括市政公共服务数据、目的地及景区自有数据、本地设备收集数据三部分。

市政公共服务数据是通过整合各类政府业务数据、社会数据、视频图像数据,形成基础信息资源库、主题库、专题库,用以提升城市运行管理、政务信息服务、综合管理决策和应急指挥等四大综合能力,为各类应用提供数据种类丰富的数据支撑,增强基于大数据的城市运行监测、综合分析、预警预测、辅助决策等能力,全面提升城市智能化管理水平,打造城市管理新模式。在社会管理中,通过采集驾驶员手机的 GPS 数据,可分析出当前哪些道路正在堵车,交警部门可以及时发布道路交通提醒;通过采集汽车的 GPS 位置数据,可分析城市的哪些区域停车较多、有着较为活跃的人群,这些数据对于分析预测旅游旺季重大群体性时间非常重要。

目的地及景区自有数据是基于门票预售系统、游客 GPS、射频识别技术、景区Wi-Fi 连接情况等产生的数据,可生成分析图表、景区客流动趋势,对景区内滞留人数进行实时统计和监控。一方面便于管理人员对客流量进行管控和疏导,避免不安全事件的发生;另一方面可为景区合理规划路线、景区设置信息服务点和紧急避难所,以及景区精准营销提供依据。

本地设备收集数据指除以上渠道通过传感器获取的数据。传感器,即物联网的"五官",用于采集各类信息并转化为特定信号的器件,可以采集身份标识、运动状态、地理位置、姿态、压力、温度、湿度、光线、声音、气味等信息。广义的传感器包括传统意义上的敏感元器件、RFID、条形码、二维码、雷达、摄像头、读卡器、红外感应元件等。埋在路面下的传感器可检测停车位,将信息转发至安装有数字显示器的主要路口,帮助引导司机寻找最近的停车位。另外,游客可以使用智能手机,利用位于旅游景点、商店、公交车站等处由光学和天线标签组成的"增强现实"系统,方便地在线获得关于这些地点的各类相关信息。

2. 外部数据

外部数据主要包括通信运营商、互联网在线、其他行业(非本地)数据。

1)通信运营商数据

运营商的数据源包括实名制的身份数据、用户实时的上网行为、实时的位置数据，以及基于通信的社交数据等。通过对游客客源、游客行为、旅行轨迹、景区交通等进行分析，运营商大数据可以提供包含游前趋势预测及智慧营销、游中的人流量监控及预警、游后客源分析的全生命周期旅游大数据产品和服务，为旅游管理和旅游营销提供决策支持。

2)互联网在线数据

互联网在线旅游大数据主要来源于以 BAT(百度、阿里巴巴、腾讯)为代表的互联网公司和以携程、途牛为代表的 OTA，以及以微博为代表的社交网络平台。

百度搜索引擎平均每天搜索量可以达到上百亿次，大量的游客搜索数据构成了百度的大数据。同时，用户每一次通过百度地图进行定位、导航，数据都会被存储、记录，百度大数据更加侧重于搜索数据及基于位置服务的定位数据等。基于百度自身的海量数据资源，针对旅游行业百度推出了多项旅游大数据产品，包括游客画像、客流管理、搜索分析等。

阿里巴巴的数据主要基于淘宝、天猫等购物网站，以及高德地图、优酷阿里云等平台产品。通过掌握游客的购物行为，阿里巴巴可以获取用户的消费数据，以及用户属性、收入水平、消费偏好等。

腾讯通过微信、QQ 这两个平台沉淀了海量的用户社交数据、消费数据、用户属性、社会关系等。目前在旅游大数据平台开发、客流迁徙等方面进行了拓展。

OTA 平台包括携程、美团、同程、途牛等互联网企业，积累了大量的用户数据，包括酒店、机票、景区门票、旅行社等的交易和用户操作数据，基于这些数据可以挖掘用户消费水平、消费偏好等信息，描绘用户画像。

微博旅游大数据源于大量的用户原创内容和用户行为，包括搜索、阅读、转发、评论、点赞、关注，以及基于 LBS 的微博签到。旅游者发布微博时经常会附上一定的文本信息，通过自然语言处理基础能够对这些文本信息进行挖掘，可用于分析舆情、旅游影响力研究、用户偏好兴趣等。

3)其他行业数据

根据航班票务数据，对目的地客流量进行预测，对游客客源地和出行方式进行分析统计，进行游客画像为旅客提供准确方便快捷的预订酒店、订车等个性化、智能化的服务。与之类似的数据机构还包括：中石油、银联、医院等，都依托各自业务掌握大量与旅游产业具有弱关联属性的用户数据，可以为旅游大数据所用。

(二)旅游大数据实现形式的主要分类

1. 以数据报告或指数作为主要体现形式

旅游大数据报告或指数以群体游客为主要研究对象，以旅游产业发展为主要研究目标，对游客行为偏好、游客画像、游客路径选择、游客停留天数、游客交通工具、游客来源地等进行多维度的分析。以群体游客的分析数据反映特定城市、特定区域或者特定景区的特点和问题，以此推动整个旅游产业的良性循环，带来旅游产业的高速发展。

旅游大数据报告针对特定问题，定制化程度高，利用互联网第三方数据整合，作为旅游机构外部数据的验证、决策支撑、内部报告的数据来源。旅游大数据报告从发布周期上分为月度报告、节假日报告和年度报告三种。

2. 以数据中心(展厅)作为主要体现形式

当下旅游业发展出现新特点，其点多面广、过程连续、动态变化，而且广泛涉及并交叉渗透到很多相关行业和产业中，具有很强的复杂性和综合性，需要在大数据分析的基础上实时掌握旅游经济运行情况，科学统筹推进旅游产业发展，建设旅游大数据中心。

实体化大数据中心主要包括数据中心机房和大屏幕展示中心。数据来源囊括基础数据、横向涉旅部门、纵向管理部门、运营商数据、互联网数据等。基础数据包含景区景点、酒店、旅行社、旅游企业等。数据中心运行过程中产生监测数据(包括视频监控数据、门票实时监测数据、住宿数据、客

大数据展示中心

源地监测统计数据、旅游电子商务监测统计数据、互联网涉旅行为监测数据，以及各级旅游主管部门和旅游企业上报的业务经营数据等)。通过发布接口服务、监测中心大屏、移动端三种方式展示实时大数据。

3. 以大数据解决方案作为主要体现形式

大数据解决方案指针对具体特定的情况提供基于大数据的实际解决方案，其相比于其他方式，能从数据中得到更具现实指导意义的服务价值。大数据解决方案的提供者需要对业务非常熟悉，具有大数据思维，能够灵活利用大数据为旅游提供定制化解决方案。

二、旅游大数据应用

(一)交通领域

交通数据资源丰富，具有实时性，大数据在交通领域的应用也是当前较为成熟的。

在交通领域，数据主要包括各类交通运行监控、服务和应用数据，如公路、航道、客运场站和港口等视频监控数据，城市和高速公路、干线公路的各类流量，城市公交、出租车和客运车辆卫星定位数据，以及公路和航道收费数据等，这些交通数据种类繁多，而且体量巨大。

目前，大数据技术在交通运行管理优化和面向车辆和出行者的智能化服务，以及交通应急和安全保障等方面都有着重大发展。在出行方面，应对公众出行信息需求，整合交通出行服务信息；在公共交通、出租汽车、道路交通、公共停车，以及公路客运等领域扩大信息服务覆盖面，使公众出行更便捷。

在运营方面，整合行业数据，形成地面公交、出租汽车、轨道交通、路网建设、汽车服务、港口、航空等领域的一体化智能管理。通过车载、运营数据的精确、实时采集，可以实现公交调度、行车安全监控、公交场站管理，支持公交安全、服务、成本管控的全过程管理和交互。

(二)住宿行业

住宿行业的大数据分为住前、住中和住后数据。其中，住前数据就是用户在入住前的选择行为数据，例如用户在入住前，对酒店的搜索、浏览、预订等行为留下的数据，这些数据反映了整个市场的需求和用户偏好。

住中数据就是客人在酒店入住过程中所形成的数据，也是酒店目前最看重、使用最广泛的数据。通过酒店管理系统数据报表进行信息的获取。

住后数据即客人入住结束后的反馈数据，例如客人点评、调查问卷等，这些数据从客人和专家的角度，反映了酒店的产品及服务价值。对住后数据进行挖掘及量化分析，基于口碑评论大数据将口碑管理与内部管理打通，帮助酒店做质量管理和口碑营销，现在国内已有 6000 多家酒店开始使用这些数据。华住酒店集团就是利用住后数据的分析结果来开发酒店的个性化产品并完善服务管理的。

打通住宿行业住前、住中、住后数据，对酒店而言，一方面，通过大数据解决方案，酒店能够站在全局的角度，更好地判断市场需求、设计差异化产品及服务、定制收益最大化的销售价格和渠道政策。另一方面，住宿业对于大数据的认知与需求的提升，也将有助于促使行业的基础信息标准化建设方面加强投入，更容易实现统一的渠道管理和直连对接，提升行业结构。

(三)景区行业

景区大数据运用分为游前、游中、游后三个阶段。游前数据是游客进入景区前的行为数据，包括 OTA 订单数据、搜索行为，以及购买行为等。同时，景区票务系统可统计游客量，通过与互联网、运营商等第三方大数据整合，对未来一定时间内的人流量、车流量进行预测，并根据游客属性提前进行资源准备与服务应对。

游中数据即游客在景区内形成的数据，涵盖遥感数据、GIS 数据、LBS 数据、视频监控等海量数据，深刻洞察游客基本属性与行为特征，精准分析游客消费方式、行为轨迹、参观感知，对游客的属性、行为偏好进行分析；结合景区监控系统实时监控景区游客量，对突发事件如踩踏、拥挤进行实时监测，及时预警；通过监控系统及大数据分析，对景区人力、物力资源进行科学分配，提升游客旅游体验。

游后数据是游客旅游结束后在互联网平台以文字、图片、视频多种形式的游记分享、点评等的反馈数据。借助大数据挖掘与分析技术，监测数据景区网络口碑，发现并改进景区管理上的不足；通过传播路径的监控来进行传播分析，在分析过程中，研判网民的情感倾向，达到情感提炼的效果，根据舆情参与者的人群特征刻画出受众画像，制订有针对性的营销方案和营销战略，提升景区的影响力和吸引力。

综合景区游前、游中、游后旅游大数据，通过对大量数据的挖掘和分析，有效指导景区企业的管理工作，提供有力的旅游产品和服务，对产业实施有效的管理，以改善景区经营管理并提高旅游服务质量。同时，通过大数据可以了解用户画像数据、掌握游客的行为和偏好，真正地实现"投其所好"，以实现推广景区资源效率和效果最大化。

（四）旅行社行业

大型旅行社从大数据着手，多方面、多角度地分析、比较、归纳，列出本地区内多种消费者群的不同需求，将每一类群体的共性需求梳理、归纳出来，在此基础上，从吃、住、行、游、购、娱诸多方面考虑，设计出国际、国内的多种不同线路。将这些空前丰富的线路进行评估，经过反复比对，深入考察其可行性，使其更加适销，满足各类消费者的需求，最后择优向市场推出多种不同类型的旅游产品。

旅行社从消费者以往的行为去定位需求，制作出个性化的旅游产品及服务。同时制作出来的旅游产品将可以无限期地销售给有同类兴趣爱好的人群。同类兴趣的人群在无限的时间延续里集结，把片段化、零散化的需求聚合为统一化、规模化的产品。

此外，旅行社借助大数据可实现带团数据实时监测，记录导游旅游轨迹、进店情况，跟踪游客投诉情况，全面提升旅游市场规划程度。导游自主执行化也为旅行社带来新机遇。

（五）OTA 在线预订数据

OTA 的大数据来源于用户行为、线上销售预订数据，包括产品、销量、区域、价格等。用户行为包括浏览轨迹、搜索习惯、回购率、消费水平等。在此基础上，OTA 可根据游客来源地、年龄、性别、消费能力、消费偏好、家庭结构，构建用户画像，立体分析用户需求，构建旅游兴趣标签，进行行业人群垂直细分，使商家与用户需求更直接、精准、快速地匹配，为私人定制化精准营销提供基础。

对 OTA 上评论数据的搜集和分析，能有效提高市场竞争力和收益能力，也是大数据价值所在：消费者对旅游服务及产品简单表扬与批评演变得更加客观真实，游客的评价内容也趋于专业化和理性化，对网上旅游行业的评论数据进行收集，建立网评大数据库，然后再利用分词、聚类、情感分析了解消费者的消费行为、价值取向、评论中体现的新消费需求和旅游品质中存在的问题，以此来改进和创新 OTA 网站提供的产品和服务。

案例分析

例如，艺龙会根据过去积累多年的数据分析，当用户搜索"北京酒店"的时候，艺龙将优先向其推荐 400 元/天的中高端酒店；而当用户搜索"北京住宿"的时候，艺龙了解到用户的支付能力可能有限，会向其推荐 200 元/天的经济型酒店；携程也在其网站和 App 中逐步实现了"千人千面"，为用户显示个性化的页面；Expedia 做得更加深入，专门设立了可用性测试实验室，希望探索消费者购买旅游产品的方式，并研究在线设计的各个因素，了解如何促进或影响消费者的购买过程，从而改进自身网站的体验，提升产品的交易量。

第 2 章
旅游数据

在数字信息化时代，互联网和社交媒体的蓬勃发展极大改变了人们出游的方式，也为游客分享提供了广阔的信息平台。对数据的研究主要集中在文本数据和图片数据这两部分。文本数据主要是发布在社交媒体上的旅游评论及旅游攻略，图片数据则是用户分享在图片网站上的旅游图片。

2.1　旅游图片数据

一、数据来源

旅游研究者通过研究旅游者拍摄的图片可以更准确地了解游客的真实行为及其客观的旅游感受。

1. OTA 及 UGC 社区

旅游企业 OTA 是旅游电了商务行业的专业词汇，即"在线旅游中介服务商"，指"旅游消费者通过网络向旅游服务提供商预订旅游产品营销或产品并通过网上支付或者线下付费，即各旅游主题可以通过网络进行产品营销或产品销售"。代表企业有携程网、美团、同程网、途牛、驴妈妈等。OTA 的出现将原来传统的旅行社销售模式放在网络平台上，更广泛地传递线路信息，互动式的交流更方便客人进行咨询和订购。由于旅游的特殊性，游客在旅行的过程中会拍摄比生活中更多的照片，将这些照片写成感想、评论、游记等放在互联网上进行互动和共享，不仅极大地提高了用户的参与度和体验感，也有利于在线企业进行 UGC 数据挖掘和分析，为旅游目的地营销做进一步的分析和指导。

另一种形式的在线旅游平台是以马蜂窝为代表的 UGC 社区。马蜂窝旅游网是广受中国年轻人追捧的旅行网站，被誉为中国的"旅行圣地"。2015 年初，自该公司发布自由行战略以来，逐渐探索出一条与传统 OTA 截然不同的营运模式——基于个性化旅游攻略信息构建的自由行交易与服务平台。马蜂窝以"自由行"为核心，提供全球超过 60 000 个旅游目的地的旅游攻略、旅游问答、旅游点评等资讯，以及酒店、交通、当地游等自由行产品及服务。在移动互联网语境下，"自由行"的实质是旅游社交和旅游大数据，用户通过网络获取并分享旅游信息、产品和服务、马蜂窝旅游网站在自由行消费者的角度，帮助用户做出合理的旅游消费决策，UGC（用户生成内容）、旅游大数据、自由行交易平台成为马蜂窝的三大核心竞争力。

综上，社交网络及 OTA 平台是获取旅游图片数据的最便利、最快捷的渠道，这种方式不仅能够帮助企业和研究者得到旅游者行为及情感相关的信息，而且获得的数据更为真实可靠，便于分析。

二、获取方式

从海量的数据中高效地获得所需的信息，有两种获取旅游图片数据的方式。

1. 网络爬虫

网络爬虫，是一种按照其指定的规则，对网络中的信息实现自动抓取的程序或脚本，一般被称为网络机器人或网页蜘蛛。网络爬虫通过模仿浏览器访问网页的 URL 网址方式来进行数据采集，使用者不需手动操作即可自动获取所需要的数据。

搜索引擎核心是爬虫，如百度搜索引擎称为百度蜘蛛。百度蜘蛛每天在海量的互联网信息中进行爬取，爬取优质信息并收录，当用户在百度搜索引擎上检索对应关键词时，百度将对关键词进行分析处理，从收录的网页中找出相关网页，按照一定的排名规则进行排序并将结果展现给用户。

2. 开源数据集

开源数据集，顾名思义就是开放源代码的数据集合。大型的商家、企业或是研究机构会定期开放一些内部的非商业型数据供大众参考和使用。开源数据库受到用户欢迎的原因有两点：一是本身"开源"的特性，开源数据库产品的底层代码可以被所有企业用户任意察看、修改并重新分发；二是相对于主流商业数据库，成本更加低廉。

开源数据集的内容包括生物识别、自然成像、深度学习图像/视频集、地理空间集、人脸数据集、语音数据集等。下面介绍几个大型图像领域应用的数据集。

ImageNet 数据集目前在深度学习图像领域应用得非常多，图像分类、定位、检测等研究工作大多基于此数据集展开。它有 1400 多万幅图片，涵盖 2 万多个类别；其中有超过百万个图片有明确的类别标注和图像中物体位置的标注。并且数据集文档详细，有专门的团队维护，使用非常方便，在计算机视觉领域研究论文中应用非常广泛，几乎成为目前深度学习图像领域算法性能检验的"标准"数据集。

COCO 数据集是一个新的图像识别、分割和图像语义数据集。COCO 数据集由微软赞助，其对于图像的标注信息不仅有类别、位置信息，还有对图像的语义文本描述，COCO 数据集的开源使得近两三年来图像分割语义理解取得巨大进展，也几乎成为图像语义理解算法性能评价的"标准"数据集。

2.2 实现方法及完成

针对旅游目的地形象的图片研究方法多样，但大多采用内容分析和符号分析，二者都是通过人工分析的方式对图片内容元素进行解构。随着互联网的发展，大量图片的涌现使得人工分析开始力不从心，技术的更迭使机器自动分析法成为时代的宠儿。下面从手动编码和机器自动分析法（元数据自动化分析和图片内容的机器识别）两个方面进行说明。

一、手动编码

1. 内容分析

在旅游目的地形象研究中，对于照片的处理大多采用人工识别的方式进行照片的分类及编码，通常是对图片显性内容进行分析，将图片中的主体事物依照一定规则和维度进行分类，例如，"历史""文化""人物""建筑"等都是面向目的地的图片研究中的常见维度。基于图片内容的分析方法准确度较高，但是局限于已经记录下来的内容，较难取得较好的信度和效度，同时受限于人工分析，时间成本过高，分析的图片数量十分有限。

2. 符号分析

符号分析将旅游图片看作现实旅游元素符号化的结果，再将其背后携带的数据看作一种符号。符号分析法主要根据旅游图片的数字足迹进行分析，侧重于图片隐性内容的获取。基于图片GPS的数据可分析出游客的时空特征、行为特征、旅游目的地POI的识别和分布情况等，可为目的地营销、交通规划，以及区域旅游管理等提供参考。

二、元数据自动化分析

1. 图片元数据

社交网络上的旅游图片通常包含两个重要信息：①元数据，描述照片的其他细节，包括标题、标签和描述；②评论，其中通常包含明确的情绪，被认为是一种表达发布者对图片的感受的途径。

数码图片的元数据主要是描述图片的属性数据。例如，游客在发布图片时留下的拍摄时间及拍摄地点的GPS数据，以及元数据记录中所包含的"标签/标题/描述"数据等。旅游数码图片中的评论则可视为旅游者对于图片内容所表达的情感，亦可视为情感形象的体现。其中往往包含了游客对旅游目的地优缺点的个人评估及对待目的地的情感态度，如"有趣的""美丽的""惊奇的"等。

2. 格式及字段

旅游图片元数据所含信息见表4-2-1。通过这些数据，我们可以基本掌握旅游者拍摄的客观条件和时空信息。

表4-2-1 旅游图片元数据所含信息

编码	字段	编码	字段
0	照片/视频ID	12	精确度
1	使用者ID	13	图片/视频网络版网址
2	使用者昵称	14	图片/视频下载地址
3	拍摄日期	15	许可证名称
4	更新日期	16	许可证网址
5	拍照设备	17	图片/视频服务器地址
6	图片标题	18	图片/视频标识
7	图片描述	19	照片/视频密码
8	图片用户标签	20	照片/视频原始密码
9	图片机器标签	21	扩展名
10	经度	22	编码(0＝照片，1＝视频)
11	纬度		

三、图片内容的机器识别

除了可以利用机器分析图片元数据，一种更为直接的方法是利用机器学习技术分析识别图片内容。

1. 卷积神经网络深度学习

卷积神经网络（Convolutional Neutral Network，CNN）是深度学习中的一种算法，目前主要应用于图像识别和图像分类，如图4-2-1所示。

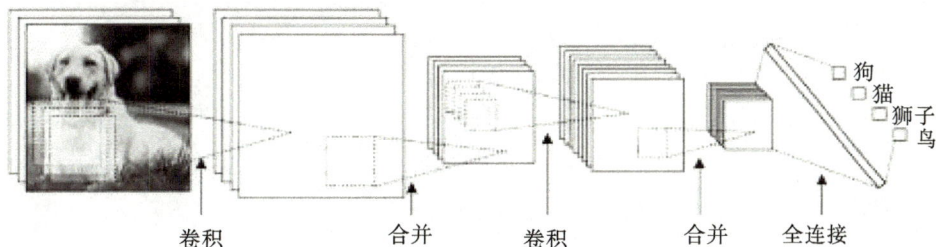

图4-2-1 卷积神经网络图片识别原理示意图

CNN 是一种深层神经网络模型，该模型利用卷积运算来处理二维图像以获取其特征，避免了前期对图像复杂的处理，CNN 还具有权值共享的优点，这避免了在网络结构较为复杂、时权值参数较多的问题，常用的精度较高的 CNN 模型包括 VGG-Net、ResNet 模型等。

2. DeepSentiBank 分析图片情绪

DeepSentiBank 是一种基于深层卷积神经网络(CNN)的视觉情感概念分类方法。通过性能评估发现，与其主要使用二进制 SVM 分类模型的前身相比，新训练的深度 CNN 模型 SentiBank2.0(或称为 DeepSentiBank，如图 4-2-2 所示)在基于 Web 的大型图像数据集(如 ImageNet)进行分类方面表现出了极大的性能提升，并在注释准确性和检索性能方面均得到显著改善。

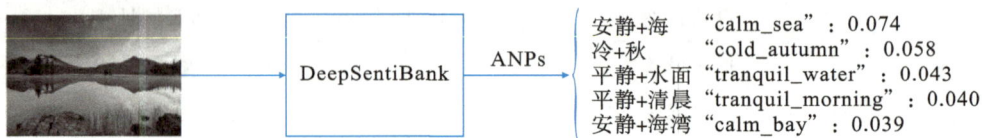

图 4-2-2　基于 DeepSentiBank 的图片内容分析

总体而言，旅游目的地形象感知数据的丰富促使研究方法不断演变，但基本遵循了设计者最初提出的设想，先进行开放式的问题感知，形成大致的形象，再运用定量分析的方法进行量化与分析。传统基于图片内容的人工分析方法在样本量较小的情况下效果较好，利用计算机辅助技术处理和分析图片内容，可以弥补传统图片研究方法的不足，极大提高 UGC 图片分析的效率，是基于 UGC 图片元数据进行目的地形象感知研究的有益尝试。

第 3 章

旅游文本数据

3.1　旅游的文本数据

　　文本数据是由以文本形式呈现的网络评论数据、博客数据及其他相关数据所组成的可以应用于旅游研究中的一种大数据类型。

　　文本数据主要包括两类：评论数据和旅游游记数据。评论数据是表达旅游者对旅游产品态度的文本数据。在旅游研究当中，评论数据一直被用于对游客满意度的研究，如探讨游客满意度的影响因素等。在众多的评论数据当中，酒店(民宿)、饭店和景区是游客评论的重点对象，因此酒店、饭店和景区的评论数据成了旅游研究的重点内容，对餐旅业发展和景区营销具有深刻的指导意义。

一、数据来源

　　旅游 UGC 数据的来源多种多样。包括针对旅游产品发布评论的 OTA 平台，如 TripAdvisor、缤客(Booking)、Expedia、携程网、去哪儿旅行网等；以分享旅行故事和旅游体验为主的内容社区平台，如马蜂窝旅行网、穷游网等；应用广泛的社交媒体平台，如 Facebook、Twitter、新浪微博等。

(一)OTA 评论数据

　　在旅游研究中，针对旅游产品的评论数据主要来源于 OTA 平台，研究人员所选用的评论数据来源于多种不同的 OTA 网站。这些平台包括携程网、去哪儿旅行网和大众点评网等。

　　携程旅行网总部位于上海，目前已在中国境内 95 个城市、境外 22 个城市设立分支机构，在中国南通、苏格兰爱丁堡设立服务联络中心。携程成功地将高科技产业与传统旅游业进行整合，向超过 3 亿的会员提供集无线应用、酒店预订、机票预订、旅游度假、商旅管理及旅游资讯在内的全方位旅行服务。

　　去哪儿网是中国第一家旅游搜索平台。去哪儿网可以通过其网站和移动客户端为游客提供国内外机票、酒店、度假、旅游团购和其他旅行信息的深度搜索，已覆盖全球范围内超过 28 万条国内及国际航线、约 103 万家酒店、逾 85 万条旅行线路、近万个旅游景点，每日可提供 20 多万种旅游团购产品，可实时搜索 9000 多家旅游代理商网站，其移动客户端拥有超过 8 亿的激活下载量。

　　大众点评网是中国领先的本地生活信息及交易平台，也是全球最早建立的独立第三方消费点评网站。大众点评经营范围较广，可以为用户提供商户信息、消费优惠及消费点评等信息服务，以及团购、餐厅预订、外卖及电子会员卡等 O2O(Online To Offline)交易服务。大众点评网与美团网达成战略合作，成立新公司——美团点评，致力于打造中国 O2O 领域的领先平台。美团点评平台有丰富的 UGC 数据库，为消费者提供大量在线 POI(Point of Interest)的详细、真实及透明信息。

(二)旅游社区数据

旅游社区数据主要来源于内容社区平台，如马蜂窝旅游网、穷游网等。

马蜂窝旅游网以"自由行"为核心，提供全球范围内 6 万多个旅游目的地的旅游攻略、旅游问答、旅游点评等资讯，以及酒店、交通、当地游等自由行产品及服务。

"自由行"即用户通过网络获取并分享旅游信息、旅游产品和服务。旅游社区通过用户交互生成内容，经由数据挖掘和分析，形成结构化的旅游数据并循环流动。马蜂窝依据用户偏好及其行为习惯，有针对性地提供个性化的旅游信息、自由行产品交易及服务；而全球的 OTA、酒店、游轮、民宿、当地旅行社等旅游产品供应商则通过大数据与消费者精准匹配，实现游客与产品的线上对接，既节省营销费用，又可获得丰厚的营收。

(三)社交媒体数据

社交媒体平台用户众多，应用广泛。不仅拥有丰富庞杂的旅游评论数据，博客数据也纷繁多样。主要包括 Twitter、Facebook 和新浪微博等平台。

二、实操分析

旅游文本数据的研究主要用于三个方面：一是游客满意度研究；二是口碑声誉研究；三是游客情感及行为意向研究。

(一)游客满意度

研究游客满意度的目的在于提高服务质量，提升旅游体验。找出生态旅游者对生态住宿满意度的 26 个属性，并将这些属性进一步归纳为 7 类：生态住宿环境、客房、自然、服务、食物、地理位置和物有所值感。分析酒店顾客的体验，并检验其与顾客满意度之间的关系。利用大数据分析技术对酒店顾客体验和顾客满意度之间的关系进行分析。研究结果揭示了顾客体验的几个维度(混合感知、酒店业务、基础设施、家庭氛围、核心产品、员工等)，通过维度的分析，发现顾客体验和顾客满意度之间的关系，表明这两个消费行为领域是内在关联的。

(二)口碑声誉

随着在线旅游行业的发展，旅游舆情对旅游从业者和游客的引导趋势越来越明显，口碑声誉研究服务于旅游舆情分析，更是为行业管理和营销提供了重要的指导意见。

住宿、餐饮和旅行是旅游者在旅游过程中最关心的三个要素，因此众多的文本数据中，酒店、饭店和景区景点的点评数量最大，是游客评论的重点对象。旅游研究也因此将针对酒店(包括乡村旅馆)、饭店和景区的文本数据作为重点内容进行研究，为酒店业和景区的管理和营销提供建设性的指导意见。

　　研究景区评论有助于改善景区管理、提升景区形象。从大量评论中识别包含有价值信息的评论对于旅游者和景区来说就变得越来越重要。首先，有帮助的评论更受旅游者青睐，对他们的决策更具有影响力。景区管理者应该快速识别潜在的有帮助的评论，以应对评论中的积极和消极方面，同时管理者也要找出精确或容易理解的评论，因为它们比模糊的评论更有影响力。其次，旅游者在阅读评论时也会考虑作者的平均评价等级，因此景区管理者在分析评论的潜在影响时，不仅要考虑原始的评论，还要考虑作者的平均评价等级。最后，景区管理者还要分析评论者的特征。根据研究结果，积极评论者(具有较高平均分的评论者)和模式评分低于平均评分的评论者会产生有影响力的评论。

(三)游客情感及行为意向

　　对游客情感及行为意向的研究主要包括旅游情感分析和旅游推荐意愿两方面。在游客情感分析方面，度假区经营者可以利用旅游情感分析来建构一套有效且合理可靠的衡量标准，以了解公众的意见。

3.2 数据分析流程

为了抽取并使用在线文本数据中隐含的有用信息，在旅游研究领域，各种文本挖掘技术被广泛使用。它们主要分为两个典型步骤：数据收集和数据挖掘（包括数据预处理和模式发现两个子步骤），如图4-3-1所示。

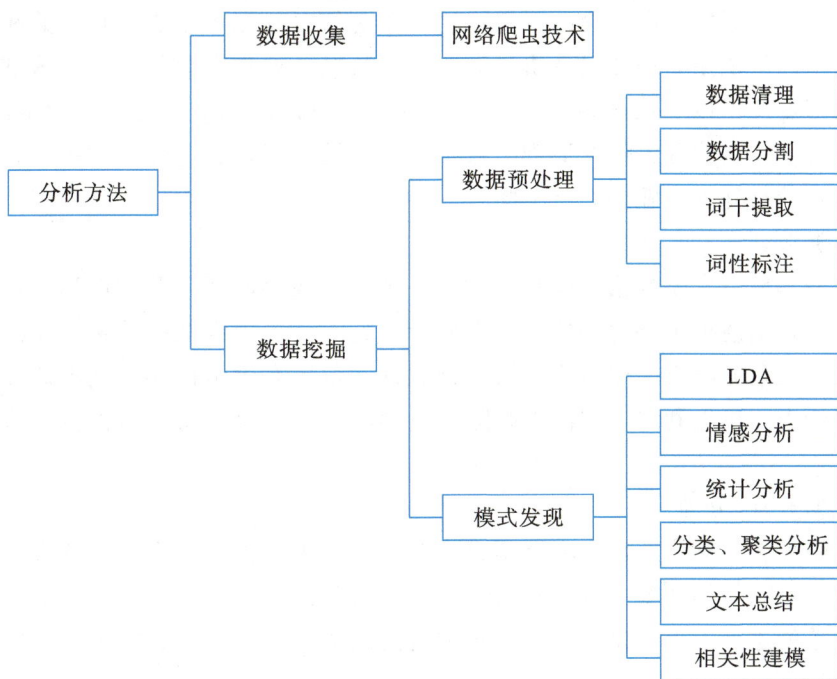

图4-3-1 分析方法步骤图

一、数据收集

数据收集是利用互联网搜索引擎数据实现有针对性、行业性、精准性的数据抓取，并按照一定的规则和筛选标准进行数据归类，形成数据库文件的一个过程。

数据收集基本上是利用垂直搜索引擎技术和网络爬虫技术等完成的，网络爬虫技术是按照一定的规则，自动地抓取万维网信息的程序或脚本。网络爬虫的爬行对象从一些种子URL扩充到整个Web，主要为门户站点搜索引擎和大型Web服务提供商采集书。通用网络爬虫的结构大致可以分为页面

八抓鱼爬取数据

爬行模块、页面分析模块、链接过滤模块、页面数据库、URL队列、初始URL集

合几个部分。

收集到的信息可以反映旅游者的足迹、旅游者的情感倾向，对景点的偏好、游客满意度调查等，对旅游景区、酒店等的提升具有很大的帮助。

二、数据挖掘

1. 数据预处理

数据预处理是数据挖掘前的数据准备工作，一方面保证数据挖掘的有效性，另一方面通过对数据格式和内容的调整，使数据更符合挖掘的需要。其目的在于剔除无关数据项、给挖掘算法提供高质量的数据。数据预处理主要包括数据清理、数据集成、数据变换，以及数据归约这几个部分。在旅游领域中，会产生大量的数据，其预处理的大致步骤分为数据清理、数据分割、词干提取、词性标注等，并且不同的语言面临的预处理步骤会有所不同。

1）数据清理

数据清理旨在发现数据或模式中的不一致、不兼容问题，并加以消除，提高数据的质量。数据清理主要解决的是数据质量问题。为了提高数据质量，要清除拼写上的错误、冗余分隔符、非目标词语及低频词，留下有价值的相关词汇。在旅游者的在线评论中，可以利用数据清理删除评论中的无用记录，留下有价值的旅游相关信息。

2）数据分割（分词）

分词是把统一整体的长文本分割成为较小的、可以独立处理的词或者短语。分词效果直接影响后续文本分析与数据分析的准确性。

通过分词这个过程，将从大量句子中过滤出关于旅游景点、旅游情感等与旅游相关的关键词。

3）词干提取

词干提取是指去除词缀得到词根的过程，也就是抽取词的词干或者词根的过程。词干提取可将同一词根的衍生词归并，运用词干提取，识别词根，并将所有单词与词根作为标记，用来简化旅游在线文本中的数据。

4）词性标注

词性标注即给不同的文字加上不同的标签，游客的旅游评论基本是由名词、形容词和否定副词组成，用加标签的方法可以删除其他标签中不重要的单词。

2. 模式发现

在旅游领域中，当前典型文本处理技术有主题模型、情感分析、统计分析、分类和聚类分析、文本摘要和相关性建模。

预处理之后，针对应用可以：对 UGC 文本进行自动摘要；挖掘用户谈论主题；

对评论者情感倾向、意见分类；分析影响旅游产品的相关因素等探究数据模式。

三、数据挖掘工具和软件包

常见的工具包括 WEKA、LingPipe 和 TextBlob；专门用于机器学习的工具有 Python 中的 Scikit－learn（sklearn）库；数据采集工具包括基于 Chrome 的 Web Scraper 插件，以及八爪鱼、火车头等半商用工具。

第 4 章

基于设备产生的数据

4.1　GPS 定位

一、GPS 数据原理

GPS(全球定位系统)是一种全天候、全覆盖、高精度的卫星导航系统，能为全球用户提供低成本、高精度的三维位置、速度及时间同步信息。

二、数据特点

GPS 数据在旅游研究中的应用经历了三个主要阶段。在第一阶段的研究重点是判断其可行性和实用性。第二阶段的研究主要集中在旅游者的空间行为和时间行为。第三阶段的研究主要聚焦于 GPS 数据分析、旅游推荐。

GPS 数据信息除了可以为游客提供定位、导航功能之外，还可以记录使用者的轨迹，保护旅游者的安全，使旅程更加便捷高效。记录行程的功能增加了旅程中与他人的分享互动，可以将线路分享给有共同兴趣的人。

分析游客的行为模式，并分别从营销和管理两个方面提升运营效率。

首先，通过分析旅游者行为模式得出其旅游偏好，形成消费者画像为消费者提供更有针对性的旅游建议。为其定制旅游线路，定点投放相应广告，进行智能化营销。

其次，通过分析来到目的地的游客呈现出的普遍规律，记录目的地的实时人流量分布，获取拥挤情况、人流动向等信息，分析出游客整体的偏好和对于目的地的实际体验。为改造规划提出参考意见，同时也帮助景区提供更多适合消费者的旅游产品。

三、GPS 信息获取

(一)轨迹记录仪

GPS 跟踪单元通常由移动车辆或个人携带，使用 GPS 跟踪设备的移动数据确定其位置。位置在地图背景下实时显示，或者在以后使用 GPS 跟踪软件分析轨迹时显示。

(二)移动应用程序

移动应用程序通过对手机软件所记录的 GPS 数据进行提取，可以更加全面地对各类人群进行信息收集。在数据提取时较难将旅游者进行分类，面向的往往是全体旅游者。

四、GPS 数据分析方法

GPS 数据分析方法对元数据处理和将元数据进行转换两种方法进行 GPS 数据的分析，见图 4 -4 -1。

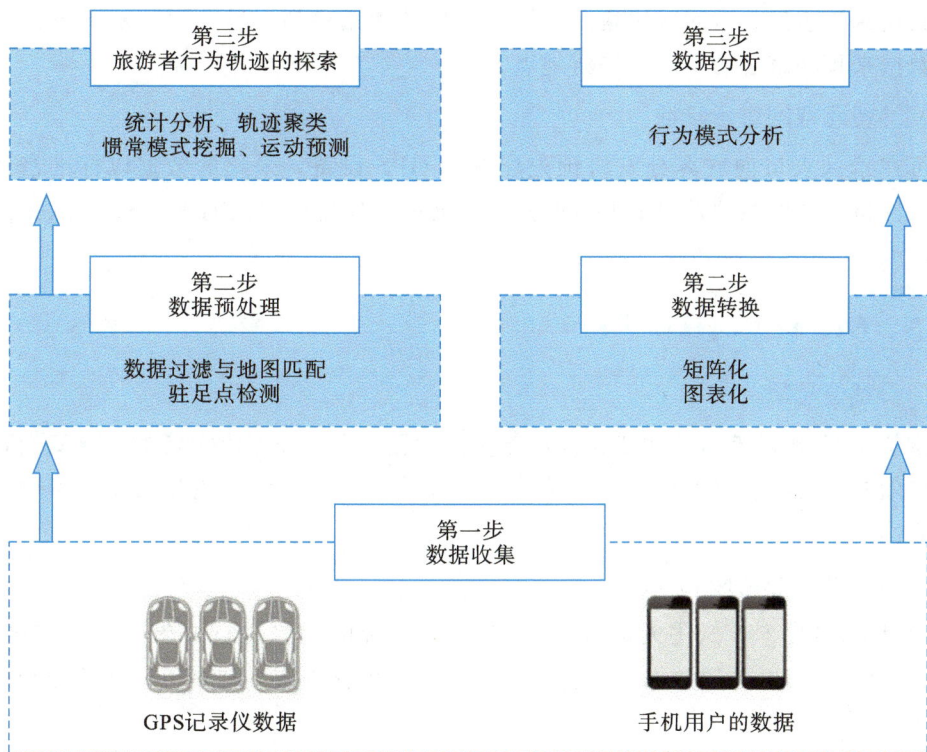

图 4 - 4 - 1　旅游研究时 GPS 数据两种获取办法

（一）直接对元数据处理

1. 数据预处理

数据预处理包括数据过滤与地图匹配。GPS 数据在封闭环境或者恶劣天气条件下，信号接收能力较差。同时 GPS 数据在定位时还会受到星历误差、电磁干扰等因素的影响，预处理过程需要将用户的历史轨迹数据匹配到实际路网中，以便准确分析游客行为。

2. 驻足点检测

驻足点检测即识别移动对象停留的位置。在旅游研究中，停留点可能意味着一个特定的地点，比如旅游景点、餐厅或游客去过的购物中心等。根据现有的研究，驻足点检测已经成功用于探索旅客在旅游景点的时间分配。

3. 旅游者行为轨迹的探索

旅游者行为轨迹的探索是基于预处理后的 GPS 数据进一步探索游客的运动模式，常见的技术包括统计分析、轨迹聚类、惯常模式挖掘和运动预测。

轨迹聚类通过将相似的轨迹分组来识别游客群体的代表性路径或共同趋势。惯常模式挖掘在事件的时间顺序集合中探索频繁的通用序列。运动预测基于历史 GPS 跟踪数据来预测游客的下一个旅游地点。

(二)将元数据进行转换

可在景区入口向旅客分发将预先配置的 GPS 设备。采集的数据以标准格式储存。软件将所有的数据，按照游客时间和空间的顺序排序，从而得到 GPS 数据的矢量化模型。

五、GPS 数据的具体应用

(一)定位导航

定位是 GPS 最基本的功能，该功能在很大程度上保障了旅游者的人身安全，游客可以随时随地将自己的位置分享给他人，并获取线路规划，避免因路线不明而耽误行程。

(二)旅游行业管理

通过 GPS 技术，执法人员可对安装 GPS 系统的大巴进行监管。在重点区域，通过比对大巴 GPS 位置数据与旅行团行程信息，可核查旅行社是否按照约定为旅游者提供服务。

4.2 基站定位数据

一、基站定位原理

基站通过手机与多个基站的信号交互（如信号强度、时延）实现定位，过程中需获取手机的唯一标识吗。将移动漫游数据应用到旅游研究中，可以为旅游行为和旅游规划提供新的分析视角。

二、基站数据用途

(一)基于位置信息的服务

利用基站，用户可以通过使用智能手机终端很方便地进行旅游信息查询，随时随地查询到关于旅游目的地的最佳游览线路、景区介绍等相关信息。只要打开手机、平板等就可以查询到自己所在位置周边的相关住宿信息（住宿条件、住宿费用、服务质量及客户评价等）、交通信息、餐饮信息等。

(二)宏观旅游监测

漫游服务可在非注册地点使用手机时追踪游客所在的地点，所以当旅行者在其他地方甚至国外使用手机时，即可记录其从惯常环境离开到旅游目的地的活动。

(三)景区导览服务

基于基站的景区导览服务，可通过多种渠道传递给用户丰富的景区信息，让用户享受专属的导览服务。此外，用户还可以随时获取所在地的天气、交通等各种信息，从而方便其随时调整出行计划，避免受到交通拥堵、不良天气的影响。

(四)位置跟踪服务

通过定位用户的位置，利用大数据技术分析挖掘用户的历史游览轨迹数据，可分析旅游景区在不同时间段的客流量变化，推断用户对景区的兴趣程度和客流量高峰时段，进而完善景区管理。通过位置追踪服务掌握用户的游览轨迹和行为特征，可满足用户个性化、智能化旅游服务的需求，提升游览体验。

(五)应急救援服务

用户安全管理是景区管理的重要内容。移动位置服务播报准确、实时并具备扩展能力，因而在景区应急救援与安全管理中具有重要的应用价值。游客还可以在游览过程中实时接收安全预警信息，优化游览路线，及时调整游览计划，避免风险，保障游览安全，优化旅行体验。

4.3 Wi-Fi 定位数据

一、Wi-Fi 定位的原理

Wi-Fi 定位通过计算接入设备与 Wi-Fi 热点的相对距离来确定设备的绝对位置。其主要分为三步：数据采集与制备、确定移动设备与热点的距离、通过算法推断移动设备的位置。

(一)数据采集与制备

手机扫描附近的 Wi-Fi 信号，当检测到某个 Wi-Fi 信号时，手机系统即可获取该 Wi-Fi 热点的地址。当多部开启 GPS 定位功能的手机扫描到同一个热点时，系统可通过这些手机的定位数据计算出该热点的具体位置。

(二)确定移动设备与热点的距离

当手机连接至某一 Wi-Fi 时，手机的系统会记录手机能够捕获的 Wi-Fi 信号的强度。信号强度能反映手机设备距离热点的距离，通过运算我们就能得到手机与某一个热点的距离。

(三)通过算法推断出移动设备的位置

当手机扫描到多个已定位的 Wi-Fi 热点时，系统将获取这些 Wi-Fi 热点的具体位置及设备与各热点的距离。基于三点定位算法，即可获取设备的精确位置。

二、Wi-Fi 数据应用领域

Wi-Fi 数据因其独特优势，可用于分析特定旅游场所(如音乐厅、博物馆、运动场等)的游客行为，在旅游推荐和应急管理方面有广阔应用前景。

案例分析

2017 年 8 月 1 日起《北京市旅游条例》正式实施。条例规定实行旅游电子行程制度，导游、驾驶员及参与一日游的游客在旅行前会收到电子行程单二维码，通过这个二维码可以查询到该团今天的旅游行程、路线、车辆信息等。执法人员可以通过检查大巴 GPS 设备，核对 GPS 线路与电子行程单的符合情况，检查该"一日游"是否存在私自更改行程、安排购物环节等问题。

第 5 章

事务数据

用户利用搜索引擎搜索想要获得的信息，便会产生搜索数据；用户通过 OTA 等平台预订时会产生订单数据；用户在浏览各种网页的过程中则会产生网页浏览行为数据。搜索数据、订单数据和网页浏览行为数据是典型的几种事务型数据，其在分析游客画像、产品偏好等领域具有较高的研究与应用价值。目前事务数据已被企业广泛使用，然而在研究领域其获取难度仍然较大。

5.1 搜索数据

一、数据特点

搜索数据是旅游大数据的重要来源。游客通过搜索引擎查询旅游信息时会产生搜索记录；经处理后，这些搜索记录便可以成为有价值的搜索数据。搜索数据可以直接反映人们在旅游领域的关注点，为市场分析提供重要依据。

谷歌、百度和必应是搜索数据的主要来源。

二、数据分析方法

关键词选取与预测因子采集是分析旅游搜索大数据的两个主要步骤，这是将大数据应用于旅游预测前的基础工程。

第一步是关键词选取。首先需要仔细选取关键词，凭借这些关键词来从搜索引擎中获取所需的搜索数据，关键词选取是利用搜索数据进行旅游研究的核心步骤，其结果高度依赖选取的方法。旅游研究领域中得到广泛运用的主要有三种方法：经验或实验性选取法，局部选取法和技术选取法。

第二步是预测因子采集。预测因子采集是将得到的搜索数据输入预测系统，用于未来趋势预测。

三、研究与应用

目前的研究显示，搜索数据对旅游学研究具有重要作用，尤其体现在分析游客网络行为特征和辅助企业营销决策等方面。

在基于搜索数据的研究中，最热门的研究方向是旅游预测。旅游产业在国民经济中发挥着重要的作用，不论是对企业还是相关管理部门，旅游预测结果都有着重要的参考价值。搜索引擎营销已被证明是一条极具前景的道路。搜索引擎营销法是指，企业通过有偿或无偿的方式获取搜索引擎结果页面展示机会和搜索数据的方法。将搜索数据与旅游营销结合起来的研究也是旅游界的焦点问题之一，目前国内对于旅游营销的研究主要在于营销创新、营销变革和精准营销三个方面。

5.2 订单数据

一、订单数据的含义

游客们在网上预订或直接购买食宿、旅游路线、景点门票服务或产品后，会产生相应的订单数据，这些数据由服务提供商或产品供应方记录保存。OTA、酒店、航空公司等能提供在线订单服务，相应地也能够获取并分析用户的订单数据。

二、订单数据的分类

订单数据有多种分类体系。例如以旅游活动为依据，主要有交通订单数据、餐饮订单数据、酒店或民宿订单数据、景点门票订单数据、演出门票订单数据等，对应旅游的行、食、住、游、娱，其中交通订单又可分为机票、火车票、轮船等，此外，还有跟团旅游产品打包出售的订单数据。根据实际购买行为发生时间，订单数据可分为预订和正式购买，即区分预订时支付与现场支付。酒店、出租车、餐饮等订单一般采取现场付款的付款形式，而机票、火车票、景点门票、演出门票，以及旅行社的跟团旅游打包产品通常为在线即时支付。不同种类的订单数据包含不同的信息，大多数订单数据所含信息包括订单产生时间、订单金额、订单数量、订单评价等信息，这些数据有着极高的研究应用价值，在企业间的流通较为普遍，但由于数据隐私等问题，研究领域难以获取。

三、订单数据的来源

订单数据主要来源于提供订单服务的企业机构。网上预订业务的提供方大致可分为两类：

一是专营预订业务的网络平台。国外有提供机票、酒店和出租车等预订服务的缤客，国内有例如携程、马蜂窝等知名的线上旅行社，还有美团、淘宝等综合生活类服务和产品预订平台等。

二是各类企业、景区等的线上销售渠道或官方网站。如家酒店的线上预订平台、故宫的门票预售系统、国家大剧院官网等都属于此类，著名的酒店管理企业万豪集团也有自己的线上预订体系。

四、各个行业对订单数据的研究

目前学界对订单数据的研究数量尚少，但多个行业都涉及订单数据，例如航空业、酒店业、零售业等。研究成果表明订单数据的分析利用对行业发展有着巨大的推动作用。这种积极作用主要体现在管理效率的提升和由此带来的生产和销售效率、质量的提升。订单数据主要应用于预测、用户画像分析、产品偏好分析等领域。

5.3 网页浏览行为数据

一、数据特点

(一)网页浏览行为数据的定义

网页浏览行为数据记录了浏览者的网络浏览习惯，包括访问来源、网站交互行为等信息。分析这些数据可优化网页内容与设计，增强线上营销能力。我国网民数量占国民总数一半以上，人们通过网络听音乐、看电影、点外卖、购买门票或车票等，产生了海量网页浏览行为数据。以音乐为例，数字音乐业务拥有近 7.8 亿的庞大用户量，这 7.8 亿用户便时时产生着音乐网站行为大数据，这些数据首先可分为听歌行为、社交行为和用户属性等信息，进一步又可将听歌分为本地听歌行为、在线听歌行为、历史听歌行为等。

在旅游领域，网页浏览行为贯穿游客整个旅游过程。游前，游客会登录目的地官网、景点官网、OTA 平台、机酒预订平台、旅游社交平台等网站浏览广告，搜寻各方资料和旅游信息，提前规划好旅游行程；游中，游客们需要上网查询天气、路线等基本信息，也可能会在美团等平台搜索当地的餐饮娱乐信息；游后，游客们通过酒店评论网站、旅游社交平台等渠道分享旅途感受和建议，例如撰写游记、上传旅游照片等。因此，旅游网站行为数据可分为旅游信息查询数据和旅游网站交互数据。

(二)网页浏览行为数据的来源

旅游有关的网站主要有：①以携程、去哪儿、驴妈妈、途牛等为代表的 OTA 网站，游客在这些网站上可以查询旅游综合信息，既可订购打包跟团旅游产品，也可预订机票酒店或者办理签证护照服务。②旅游业内各行业企业的官网或线上票务系统，例如民宿领域的爱彼迎，景区中的欢乐谷，交通中的 12306 等。③旅游社交平台。如"游侠客"网站、专走丝绸之路沿线的"丝路玩"网站等。④旅游点评网站，例如大众点评网、猫途鹰等。

二、研究与应用

(一)基于旅游网站浏览行为数据分析的研究

基于旅游网页行为数据分析的研究主要为各类旅游网站的案例、社交媒体在旅游信息传播中的作用、旅游网站优化用户体验等。国内研究的目的主要是通过分析网站行为数据来为网站的设计改进给予启示，优化客户体验和满意度，最终达到提升企业营销水平的目的。而国外研究主要分析用户在社交媒体和电子商务领域的使用动机和使用行为。

（二）旅游网页浏览行为数据应用案例

2017年，携程生意通携手众荟信息联合发布《2017年携程大住宿数据白皮书》（下文简称为《白皮书》），提供了数亿用户的消费行为数据和百万酒店商户数据，以解读当下酒店住宿行业的最新发展趋势和消费者行为特征。《白皮书》为携程酒店商家的经营管理决策提供了数据支持与解决方案。其中，"消费者行为洞察"板块分为搜索行为、浏览行为、预订行为与点评行为，分别阐述了2017年各类行为数据的特征及对企业的建议。

数据显示，2016年7月至2017年6月，用户访问携程酒店预订详情页面的总次数达到数百亿次，其中10.50%的浏览行为为查询酒店点评，同比增长29.52%。

《白皮书》指出，从将酒店信息曝光给消费者到消费者进行预订决策的转化，这一过程对酒店而言十分重要，那么对浏览行为数据与酒店预订数据之间关系的分析也十分重要。

《白皮书》的浏览行为板块专门对浏览行为数据与酒店预订数据之间的关系进行了分析。图4-5-10中显示的是用户预订前浏览的酒店数量占比。数据显示，用户在最后预订决策时表现得非常直接。事实上，由于其研究应用价值较高，网页浏览行为数据在企业中的应用已经十分广泛，但学术研究领域仍存在数据获取障碍。

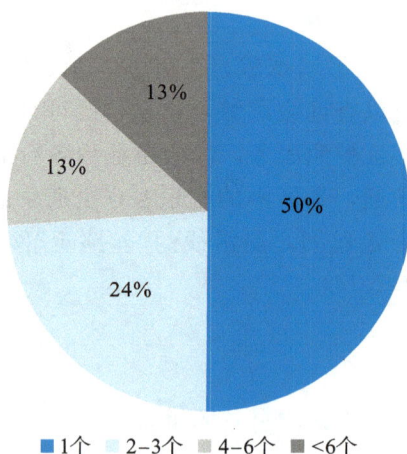

携程大住宿数据白皮书

图4-5-1　预订前浏览酒店数占比示意图

第6章

基于大数据的旅游管理

　　互联网时代的到来极大地改变了人们的消费方式，随之兴起的数据化时代为目的地政府和企业精准化服务于管理提供了技术支撑。利用大数据技术分析产业运行情况、监控市场动态并实施精细化管理，已成为推动旅游业高质量发展的关键手段。

6.1 旅游主管部门大数据应用

一、游客流量实时监测

游客流量实时监测系统通过分析运营商数据、互联网数据和景区票务数据，在平台上实时展示景点日游客量、瞬时客流量、客流峰值及历史数据，实现统计分析、预测预警和游客分流引导功能。该系统既能为景区管理单位提供决策支持，又能让游客根据实时客流信息自主选择较为空闲的景点，以获得更好的旅游体验和旅游感知，增强旅游的满意度。同时，实时客流监测也保障了游客的人身和财产安全。

目前许多企业都采用这种方法，利用景区、交通等各类大数据对游客流量进行实时监测。通过建设信息中心数据平台，一方面保障旅游市场秩序稳定调控，整合内部数据，汇聚重点景区实时监测数据，采集和管理互联网、运营商等旅游大数据，全面监测旅游产业运行状况，提升旅游行业监管和调控能力，最终提升客户满意度。另一方面提升应急指挥能力，通过分析重点景区客流大数据，以及气象、交通等方面的数据，及时预警旅游中可能发生的突发事件，对已经发生的事件快速定位和处理，及时协调相关部门应急联动，最大限度保障游客安全。

二、综合产业监测与分析

旅游产业是我国大力发展的产业，对国民经济发展具有重要作用，其具有三大动力效应：直接消费动力、产业发展动力、城镇化动力。旅游产业的发展将会为这一地区带来价值提升效应、品牌效应、生态效应和幸福价值效应，能够极大地推动地区发展。为保证旅游产业健康发展，对旅游产业的监测与分析便成为重要环节。

案例分析

美团旅行大数据项目

旅游要素包括食、住、行、游、购、娱六个方面，旅游产业涵盖范围广泛。美团致力于为消费者提供优惠、优质的商家信息推荐服务。美团现已建立非常全面的大数据网络，为旅游综合产业监测与分析提供可能。

美团数据具有双平台、全品类、四大类型数据齐全的特点。其中双平台是指数据来源于美团网及大众点评两大平台；全品类是指数据包含旅游（景区门票、周边游）、酒店、美食、交通等多个品类；四大类型数据是浏览数据、交易数据、行为数据和评论数据。

当前美团网、大众点评涵盖旅游、酒店、到店消费、交通等品类数据，根据要求的"数据字段"从独家产品、机票和酒店等品类的数据源中提取，通过 API 接口接入城市游客监测系统。

美团旅行大数据通过智能分析，构建旅游商户诚信系统，实现实时监管、风险预防、及时响应客户诉求，提升旅游相关商户服务水平。

旅游商户诚信系统能够分析舆情趋势，实时显示各区域在线商家数量及食品安全重点关注商家占比，有效监督商家规范经营，保证服务质量。

除此之外，美团旅行还对商家进行监管（图4-6-1）。利用大数据精确实时分析商户经营信息，对商户进行深层次交叉分析，对数据进行可视化展示，提供趋势性数据深度剖析，解读乱价背后的市场变化，推进商户管控工作。

图 4-6-1　美团旅行巡检方式

通过对价格、名称、促销等项目的巡检，有效监督商家行为。系统支持最高每30分钟1次的巡检频率，并提供时间、产品、品类、品牌、平台（OTA）、商户等多维度筛选功能，便于快速查询巡检结果并制订管控策略。美团旅行综合各项数据形成的旅游商户诚信系统和完善的价格监管机制，为行业监测分析提供了有效参考。

三、游客行为分析

游客是旅游活动的主体。分析游客行为特征，对于指导旅游企业的经营决策及启发政府主管部门的管理思路具有重要意义。庞大的数据可以为游客行为分析提供强大的数据支撑，从而为旅游企业及政府部门提供全面客观的参考依据。

案例分析

中国电信与中国旅游研究院旅游大数据战略合作

为促使旅游大数据更好地发挥作用，深入挖掘其价值，中国电信与中国旅游研究院签订旅游大数据战略合作协议，并为共建的联合实验室揭牌。双方本着"资源共享、优势互补、互利双赢、共同发展"的原则，开展多项合作，包括：建立资源共享平台，数据交换与共享机制等；共同编制相关旅游及旅行分析报告，发布研究成果，向社会提供公共服务；共同举办学术活动等。

对"五一"小长假乡村游情况进行测算分析，识别离开其生活和工作惯常环境10公里以外且超过6小时的，目的地为城市核心区和典型景区之外的游客群体，再通过问卷回访剔除其中非旅游动机的游客群体，最终得到乡村旅游消费行为数据。

（1）对乡村生活方式和环境的向往是出游的主要目的。

乡村休闲游客，以"亲近自然、呼吸新鲜空气"为目的，对乡村生活环境和生活方式的需求成为旅游休闲的主流。

（2）周末乡村旅游休闲已经常态化。

乡村旅游已成为居民日渐常态化的消遣方式，调查显示，约有65.4%的居民最近一次乡村旅行是在周末，乡村出游已经成为居民周末休闲的主要选择。

（3）不同区域的客群消费行为差异明显。

从空间维度看，"五一"小长假乡村旅游跨省、跨市的比例逐年上升。通过综合GPS数据、搜索数据等数据能够较为客观地分析出旅游者的出行目的地、住宿习惯及消费习惯等行为，再结合传统的问卷调查方式分析旅游者的出行目的等因素，使得到的结论更加客观、更加具有参考价值。

四、旅游厕所实时监测

旅游厕所是游客出行必备的生活设施，是旅游公共服务水平高低的直接体现，更是反映旅游业文明进度程度的重要标志。作为年接待游客超过37亿人次的旅游大国，旅游厕所问题是事关民生的大事。自2015年开启"厕所革命"以来，我国已经超额完成"厕所革命"三年计划，并且在不断深化，创新突破，现已开辟公共服务体系建设的全新局面。如何对其进行实时监测使其更好服务大众是"厕所革命"现阶段最重要的问题。高德地图与原国家旅游局的大数据合作项目为此提供了很好的思路。

案例分析

"全国全域旅游全息信息服务系统"

2018年1月，高德地图携手原国家旅游局共同推出"全国全域旅游全息信息服务系统"，为游客提供包含假日出游预测、景区介绍及评价、厕所导航及投诉咨询等一站式服务。"全域旅游"是高德地图在2018年推出的一个重要项目，整合了涵盖全国所有的 AAAAA 级景区和70%以上的 AAAA 级景区的旅游资源，包括各类公共设施、餐饮服务场所等。其中一项很重要的功能就是"厕所导航"。

高德依托位置大数据、数据分析工具及电子地图系统绘制了"全域旅游"当中"热力图"，游客可根据"热力图"判断出景区内哪一个厕所的人流量最大，从而有效减少了排队上厕所的情况。除此之外，高德地图还能提供厕所的开放时间、用户评论、实景照片等多种信息，从而进一步方便用户的使用。

高德热力图

游客点击高德地图首页的原国家旅游局标识，即可获知所在位置2公里范围内的厕所详细信息，包括厕所星级、卫生条件等，并可获得最佳线路和最便捷的行进方式。数据显示该系统上线两个月来，日均服务50万人次。

双方联合推出了全国百城"城市开放厕所平衡指数"。该指数主要用于衡量一个城市所拥有的开放厕所数量，与该城市用户日常对开放厕所需求数量之间的平衡程度。平衡指数越高说明该城市的厕所供需越趋于平衡状态。

"城市开放厕所平衡指数"主要基于城市开放厕所总量、城市开放厕所覆盖率、城市人均厕所拥有量、城市厕所搜索量占比、城市人均厕所搜索量等众多基础数据维度，通过大数据挖掘计算得出。此次推出的"城市开放厕所平衡指数"共选取100个重点城市，涵盖国内所有的省会城市并兼顾经济发达城市、交通枢纽城市，以及在全域旅游厕所导航系统中用户活跃度较高的城市。

从首期发布的城市开放厕所平衡指数榜单来看，城市排名与经济发达程度有一定关联，排名靠前的城市，多来自经济较发达的地区，大部分集中在长三角和珠三角地区。同时，重点旅游城市的排名比较靠前，旅游产业的发展对于厕所供需平衡指数的提升有积极作用。

该项目通过"互联网＋"的方式，帮助各大景区完成"厕所革命"，提升厕所信息化水平，打通"最后一公里"的距离，让游客及市民更加便捷地在高德地图上获取公厕位置及信息，让厕所更好地为游客和市民服务。"城市开放厕所平衡指数"的发布有助于各城市了解自身"厕所革命"的实现程度，推动全国"厕所革命"更加有效进行。

五、基于游客视角的旅游资源评价体系

旅游资源的评价维度多种多样，评价体系亦各有不同。在以往的旅游资源评价体系中，通常依据旅游资源分类体系对单体资源评价，且按"旅游资源共有因子综合评价系统"进行赋分，评价项目包括资源要素价值、资源影响力及附加值。由此可以看出，目前的评价体系基本上是由旅游专业评价人员对旅游资源进行综合性的评价，对旅游者体验与意见关注较少。相比之下，评价专家多数是研究旅游资源的价值与存在的意义，而旅游者是体验旅游资源，感受旅游资源存在意义。专家的意见是专业权威的，但是旅游者的评价更加真实、有代表性，对其他旅游者具有更多的参考价值。

案例分析

众誉旅游大数据平台

UGC指网站或其他开放性介质的内容由用户贡献生成，自新媒体诞生以来，越来越多的参与用户正在利用互动机会，特别是在互联网上创建独立内容。双向媒体是Web2.0的一个关键特征，它鼓励用户发布自己的内容并评论其他人的内容，这些海量的信息即为评论数据。

现代旅游越来越注重游客的体验，游客更倾向于深度体验而非传统观光，而且游客也越来越乐于将旅行中的体验分享到大众媒体上，由此海量的评论数据便出现在网络中。众誉旅游大数据平台专注于旅游大数据的深入挖掘分析，通过抓取景区评论数据联合北二外旅游大数据研究中心发表《中国5A景区网络口碑指数榜单》。该平台致力于通过旅游资源评价数据的整合、分类与分析，探索基于游客视角的旅游资源评价体系。评价体系不仅能够督促景区完善自身服务，以游客为本，尊重游客体验，也使游客更加具有话语权，确保评价的客观性与真实性。从另一角度来说，也是对旅游评论数据应用的一次尝试与拓展，为旅游资源评价提供了新的思路。

基于游客视角的旅游资源评价体系必将依托于强大的数据抓取能力、精准的关键词分析系统及强大的支持平台。

六、全域旅游

全域旅游是指各行业积极融入其中，各部门齐抓共管，全程居民共同参与，充分利用目的地全部的吸引物要素，为前来旅游的游客提供全过程、全时空的体验产品，从而全面地满足游客的体验需求。全域旅游下大数据的构建多应用于产业监测、多产结合及数据的汇集与统一应用。

宁海旅游大数据项目

宁海旅游大数据项目首次在智慧旅游行业同时实现了三大运营商数据、银联数据、高速卡口自驾游等数据的融合；首次通过大数据手段实时掌握年度重大节假日客流分布，覆盖了宁海所有景区，实现旅游相关数据的集聚，构建面向全社会的全域旅游生态环境，推动旅游产业科学监管、服务全面提质、应用逐步推广的旅游生态。

宁海旅游大数据应用平台围绕数据分析、行业管理、游客服务、营销决策四大功能，开发整合了 16 家涉旅县直部门、2300 余家涉旅企业、三网运营商、银联、省交通集团、互联网百度个旅等数据资源，建成了全市乃至全省首创的旅游大数据分析系统。同时系统集成了全县多个重点景区和主要通景道路的实时视频信号，在地图搜索等数据可视化的基础上实现智慧旅游的便捷服务、高效监管、联动指挥。

整体项目共包括 7 个子系统，包括旅游大数据分析系统、数据中心系统、产业监测系统、导游导览系统、投诉执法管理系统、旅游协调管理系统、旅游大数据 App 等，并通过拍摄重点景区虚拟游的方式，以全景展示将秀美风光清晰地展现在游客面前，使游客虽未踏步期间也能身临其境。

旅游大数据系统综合运用图片数据、视频数据、LBS 数据、GPS 数据、运营商数据、消费数据等，其分析系统分为八个模块，分别为客流监测、产业监测、游客画像、自驾分析、竞品路线、营销决策、舆情分析和景区监控。

6.2 景区大数据应用

一、基于公众口碑的景区网络评论大数据

随着移动数字媒体的普及，越来越多的游客热衷于在互联网分享自己的经验、经历及看法，这就产生了大量的UGC(用户产生的内容)评论数据，这些数据在很大程度上影响了其他游客对某个景区的看法。消费者的口碑影响着景区的形象，也推动着景区产品及服务质量的提升。因此，网络口碑被认定为旅游景区评定的重要指标之一。景区只有不断强化网络口碑，才能在互联网营销新潮流中立于不败之地。

【案例分析】

北二外旅游大数据中心众誉口碑大数据平台

北二外"中国旅游大数据研究中心"成立于2014年11月。作为国内第一家以旅游大数据分析为核心工作的研究机构，该中心致力于在旅游舆情监测、旅游大数据的挖掘与开发、旅游大数据专业人才培养、智慧旅游营销等方面开展工作。

2017年，该中心发布了《中国5A景区网络口碑指数榜单》，这是首次针对全国所有的AAAAA景区所做的网络口碑排名。榜单基于大数据平台实时抓取全国250家(截至2017年10月)AAAAA景区过去一年内国内主流OTA(大众点评、驴妈妈、马蜂窝、携程等)上评价数据，共计50余万条数据，平均每个景区2000条左右。全面衡量全国AAAAA景区的网络口碑宣传能力与水平，深入分析"旅游＋媒体"的发展现状与市场潜力。榜单参与5A景区评价细则、网络评论文本内容、专家意见，综合考察项目、环境、餐饮、交通、设施、价格、服务、厕所、信息化9个指标，通过海量数据分析和复杂的数理模型计算，全面、立体、准确地反映旅游系统网络口碑指数的发展状况。

如图4-6-2所示，此次发布的全国AAAAA景区网络口碑排行榜有天坛公园、苏州园林、扬州瘦西湖景区、福建土楼、平遥古城、鼓浪屿风景名胜区。除此之外，榜单还评选出了2017年全国AAAAA景区网络口碑之"环境优胜奖""服务优胜奖""演艺优胜奖""信息化优胜奖""人气优胜奖"等五个口碑单项奖。

通过口碑大数据平台抓取OTA平台上的评论数据，能够直接得到游客对于景区及时、原创、真实的旅游印象，从而以更科学、更简化、更智慧的方式推动政府管理、企业运营和消费决策，也使景区能够更多地听到消费者的声音。

北京天坛公园

苏州园林

扬州瘦西湖景区

福建土楼

平遥古城

厦门鼓浪屿风景名胜区

图 4－6－2　2017 年 AAAAA 景区网络口碑景区

二、景区人流与承载力监控

旅游承载力也称景区旅游容量，是指在不破坏旅游资源的物质和空间规模的情况下，景区所能容纳的人力物力的最大容量。对景区的人流和承载力进行监控是可持续发展的必然要求，大数据平台的建立使实现这一目标成为可能。

案例分析

旅游警察大数据平台

旅游警察大数据平台是将车流、人流和停车场信息，通过物联网反映到大数据平台上，以便警察提前预判车流高峰，实时显示各个景点的人流，引导外地车辆寻找停车位，从而有效地疏导交通、疏散人流。

2018 年 3 月，旅游警察大数据平台首次在江苏扬州建成。根据高速闸口数据信息及道路监控数据，警方能得到城区及核心景区的车流动态统计，用商务城区监测的车流量数据，减去核心景区的车流量数据，基本可分析出下午将有多少车辆进入核心景区。交警可根据分析出的车流数据，在车流高峰前做好预案，以便疏导交通流量，从而缓解景区附近的交通压力，避免因为交通堵塞而影响游客的旅游体验。

除了显示车流信息，该大数据平台还能显示扬州全市 38 个景点的实时人流信息。通过点击景点的位置，可以查看该景点实时的游客人数。根据景点游客人数的不同，地图上景点的颜色也会发生相应的变化。绿色代表畅通，黄色表示人数饱和，红色表示人数已经超过该景点的承载能力。地图上景点的颜色会随着游客人数的多少而产生相应的变化。景区管理人员可通过景点的颜色调控景点的进入人数，决定门票的发放数量，一旦流量突破峰值，相关景区也可以根据指挥中心的指示及时疏导，确保游客安全。

旅游警察大数据平台的建成有利于警方指挥中心与景区管理部门合作监控景区人流与承载力，各项数据集成反馈在大数据平台上，使人流车流的动态变化直观地体现在数字及图像上，从而指导景区合理控制游客数量使其不超过景区承载力，尽可能在不违背可持续发展原则下，带给游客最优质的产品及服务。

三、排队等待时间精准控制

大数据平台的建立不仅可以应用于网络评论大数据的提取和景区人流与承载力监控，还用于更好地管理与完善景区。近年来，由于旅游资源丰富等客观条件及国民经济水平提升等客观因素，每逢节假日各大景区车水马龙，旅游者众多，排队现象十分常见。大数据的发展为排队等待时间的精准控制提供了可能。

案例分析

上海迪士尼旅游度假区 App

上海迪士尼度假区位于上海国际旅游度假区内，是中国大陆的第一座迪士尼度假区，自 2016 年 6 月开园以来，游客络绎不绝，园区热闹非凡，也正因如此，在迪士尼度假区体验每个项目几乎都需要排队，一天很难体验完所有的项目。因此上海迪士尼度假区推出了官方 App，购票查询等功能一应俱全，游客可以实时查看各个游乐设施的等待时间，根据等待时间选择调整自己的游览计划，节约排队时间。此外 App 还可以查询所有娱乐演出的时间和每日运营信息，方便游客随时调整计划。地图导航随时定位，也方便游客合理安排游园路线，尽量少走冤枉路。

如图 4-6-3 所示为迪士尼度假区排队时间的预测。景区通过 Wi-Fi 数据、GPS 数据、蓝牙及信号数据等获取园区内游客的位置，然后进行统计显示出各个项目的实时监测数据，预估合理的排队等待时间，减少游客等待时间，避免游客集中于某一个项目而其他项目空闲的情况。

未来大数据在诸如排队时间的精准预测等具体应用场景下会有非常广泛的应用，通过不断地进行数据收集、整理、分析等，得到一些规律性信息，再结合实时监测数据，达到对排队时间的精准控制。

图 4-6-3 迪士尼度假区排队时间预测

6.3 酒店大数据应用

一、口碑管理

口碑管理是对消费者在消费过程中对某公司或者商家产生的印象或看法的管理。互联网时代的出现方便人们随时随地分享自己旅行过程中的经历与体验，这些信息能够在短时间内被广泛传播并产生影响，合理的口碑管理对企业与公司的发展起着不可估计的潜在作用。及时、高效、精准、全面地了解互联网庞杂的点评信息，捕获分析用户体验，对于酒店行业非常重要，这也促进了专业的口碑管理服务商的出现。

案例分析

慧评网

酒店慧评是慧评网面向酒店开发的一款互联网点评情报分析系统，帮助酒店管理与分析互联网评价信息，挖掘点评中的智慧与力量。对于酒店来说，慧评网建立的规模庞大的酒店评价数据库能为其提供包括一站式点评管理、统计报表分析、多维度竞争分析和实时危机预警在内的数据服务，让酒店能够更好地管理口碑、管理品牌形象。图4-6-4为慧评网站页面。

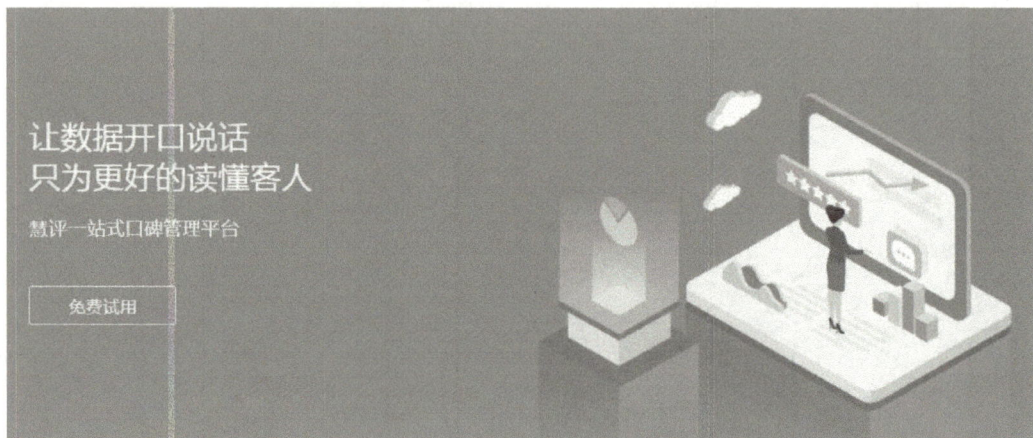

图4-6-4 慧评网站页面

目前社会媒体兴起，自媒体也飞速发展，用户生成内容呈几何级数增长，这些信息的传播速度极快并可能产生非常大的影响，因此，酒店行业应当注重用户体验，从用户评论等信息中挖掘评价背后的问题，努力提升服务质量及消费者口碑。但是，目前酒店行业对海量用户生成内容的认识和处理是滞后的，单凭酒店自身的力量很难将运营管理与海量评论管理同时兼顾起来，依靠人工对庞杂的信息进行筛选、分析和监测几乎是酒店不可能完成的任务，这时候就需要一套完整的系统对这些大数据进行处理，使用户生成内容对酒店的口碑建设发挥作用，做到及时、高效、精准、全面地了解互联网庞杂的点评信息。这也催生了像酒店慧评这类专注于酒店口碑建设的供应商。慧评网是核心技术驱动的，使用慧评网不仅能够大幅提高生产效率，而且能够做到很多依靠人力无法完成的分析工作，在为酒店提供高价值服务的同时，也降低了管理成本。

慧评网是在 TrustYou 等西方网站的基础上进行学习创新，探索适合中国酒店口碑管理平台的建立方法。它在技术层面上更关注中文，酒店慧评所采用的中文自然语言理解技术处于国际领先的水平，对中文点评进行语义分析，能够理解点评中消费者所描述的内容和所蕴含的情感，特别适合国内的点评；在功能层面上，酒店慧评对国内社会化媒体点评的监控力度更强；针对酒店关注的不同维度进行细分，使点评分析得以从不同角度进行。如图 4-6-5 所示为慧评网口碑管理。

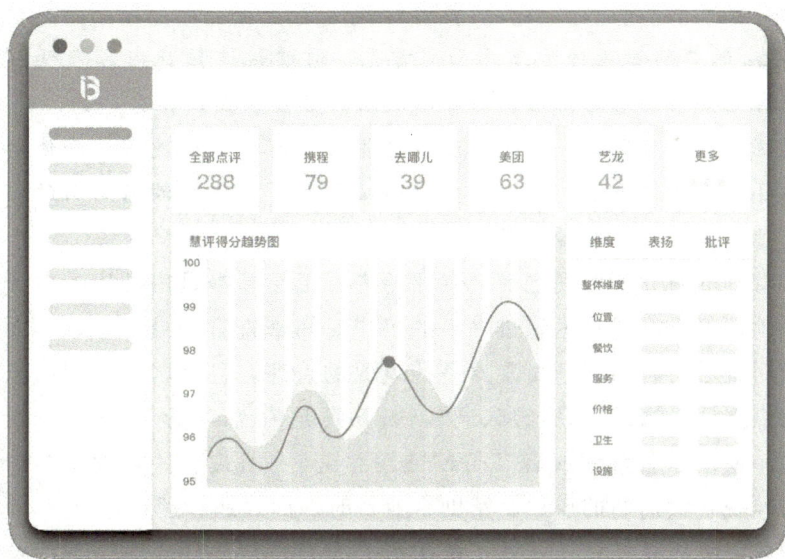

图 4-6-5 慧评网口碑管理

TrustYou 网站

TrustYou 是全球最大的客户反馈平台，致力于改善旅行体验，从寻找合适的酒店到拥有完美的住宿体验。该公司与酒店、目的地和旅游网站合作，以实现这一目标。TrustYou 分析了分散在广阔、分散的市场中的数以亿计的旅行评价，并将这些内容转化为可行的见解和可视化的数据，目前已为 500 000 家酒店服务。这使旅游网站能够改善旅行计划流程并且能使酒店为客人提供最佳体验。如图 4-6-6 所示为 TrustYou 网站页面。

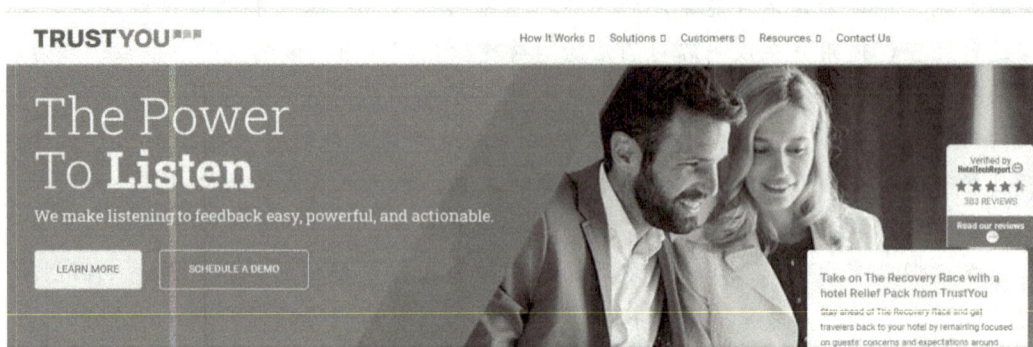

图 4-6-6　TrustYou 网站页面

TrustYou 实现这一技术的支撑在于它的 Meta-Review API，它将消费者的评论数据进行分类总结并反馈给酒店，同时允许其他消费者根据他人的评论快速对酒店进行评估，提升酒店的入住率及消费者的满意度。

TrustYou 的口碑管理分为三方面：首先，通过甄选预览内容来吸引消费者消费，预览内容主要由酒店的排名、好评率及用户标签构成；其次，TrustYou 的数据是在评论数据的基础上通过一定的算法对数据进行有效的过滤，从而使游客能轻松找到适合自己的酒店；最后，将评论数据归纳总结，最终将酒店全面的信息又反馈给酒店及其他消费者，从而增加预定量。

在口碑管理的服务商出现之前，点评的查看工作基本是由酒店的电子商务经理来完成的，他们每天需要花上超过一半的工作时间来查看和处理点评，而且经常会因为无法及时查看所有的网站而漏掉一些重要的点评。目前国内的酒店点评信息主要集中在大众点评、携程、马蜂窝、驴妈妈等数据平台，每天查看并分析用户点评耗时又费力。使用酒店慧评或者 TrustYou 后，其一站式点评管理功能和危机预警功能会实时监视各大网站的点评，帮助企业及时、高效地管理点评。

除此之外，酒店总经理还能够了解附近几家竞争对手的点评情况。电子商务经理通过人工查看点评，无法给出全局的分析。酒店慧评的一站式统计分析和多维度竞争分析功能，从 55 个维度对酒店自身及其竞争对手进行分析，并给出统计报表，帮助酒店更为精准、全面地了解自己和竞争对手，取长补短，使企业更好地成长。

所以大数据的深入挖掘与分析为酒店带来的核心价值就是一站式点评分析与管理，既能提高效率，又能及时了解客户体验。对对手的分析可以帮助企业认识到自身的优点与缺点，从而进行差异化发展。对网络评论进行实时监控，有利于及时发现恶意评论或者差评，避免企业卷入舆论危机。

口碑是影响消费者决策的重要因素，利用大数据的口碑管理系统对酒店口碑进行实时监控、分析与总结，对于提高企业竞争力、激发消费者购买欲望具有重要意义。酒店应当深入挖掘利用用户评论数据，努力为企业建立良好的口碑。

二、动态定价

动态定价是指根据市场对产品的需求及顾客的购买力来对产品进行实时定价。航空公司大多采用市场细分与限量配给策略，对不同价位、不同种类的机票实行限量配给制，并通过需求形态分析，不断修正定价策略，从而实现不同渠道间收益的最大化，这就是动态定价。实行动态定价制度对于酒店利润的提升有直接影响。旅游淡旺季直接影响酒店的入住率，为了实现利润最大化，酒店可以通过动态定价策略对商品进行动态定价。

互联网的发展推动了如今商家定价模式的转型。许多企业从传统的定价模式转变为依托过往数据与经验进行的动态定价模式。市场竞争的日益激烈与客户细分越来越精确要求企业采用动态定价模式来达到自身收益的最大化。

案例分析

智能动态定价服务公司 Pace

Pace 在 2016 年创办，首先将动态定价技术运用到酒店行业。根据 Pace 的估算，酒店行业每年由于错误的定价策略造成的损失高达 1000 亿美元。空房率是酒店利润损失的主要因素。

Pace 可接入酒店客房管理系统，获取历史销售和库存数据，使用机器学习模型进行训练。大约花费 24 小时，系统便可以进行智能动态定价。Pace 致力于为酒店提供最高的收益率。可视化动态定价的机制其实就是在利用大数据进行特定时间段入住人员的预测，根据预测结果对酒店的单间房价进行合理的调整，使其与入住率进行匹配，最大限度地避免空房率过高而造成酒店收入过低的情况。调整价格也可以解决某些问题，但是这样无法发挥历史数据的潜在优势，专业的动态定价公司保证了酒店定价的标准化与实时化，深入挖掘历史数据的价值。

Pace 的产品由 2017 年 7 月发布，迅速获得 30 多位客户。随后获得三家公司种子投资，发展逐步扩大。其成功的根本原因在于酒店企业对于动态定价的需求。

酒店动态定价基本上归结为有效和高效的收益管理，更符合当今数字化时代的需要，因为在买家和商家之间找到了更好的平衡点：实现了客观化和准时化。商家与顾客关系也随之发生转变，为买卖双方创造出更为广阔的价格选择空间。

7.4 用户画像相关报告

列举如下几个用户画像案例，以便读者能对用户更加理解。

(一)2018 年去哪儿旅行 App 用户图像

2018 年去哪儿旅行联合艾瑞咨询发布《2018 年在线旅游平台用户洞察研究报告》。该报告对在线旅游平台用户进行用户画像，并对用户的出游行为、触媒行为、消费行为等方面进行在线调查及研究。

表 4-7-1 为报告中用户画像(部分)。

表 4-7-1 报告中用户画像(部分)

用户类别	用户画像
一、二线城市用户 (59.6%)	高学历、已婚用户人数多; 男性用户较多，占比 54.3%; 学历在本科及以上的用户接近半数(49.6%); 25～34 岁用户占比高，平均年龄在 29 岁; 已婚群体居多，占比 59.5%; 常驻城市 TOP5：深圳、北京、上海、广州、重庆; 工薪一族多，对地图导航类服务需求较高; 职业分布方面，普通公司员工(26.7%)、中级管理人员(20.8%)占主导; 个人月收入在 5000～8000 元这一区间人数最多，占 21.4%; 家庭月收入在 10 000～20 000 元这一区间人数占比高，达到 29.4%; 使用地图导航类 App 用户相对较多，使用时间主要集中在每天 10～17 时; 日常出行方式中，主要以公交(64.8%)和地铁(48.9%)出行为主; 长途交通出行偏好主要以火车/高铁(86.3%)和汽车(61.9%)为主; 国内游 TOP3 目的地：北京(14.1%)、杭州(12.7%)、苏州(11.0%); 出境游 TOP3 目的地：泰国(30.7%)、日本(16.9%)、美国(12.7%)
三、四线城市用户 (40.4%)	已婚中年群体为主; 男性占比 52.9%，女性占比 47.1%; 中年用户为主，25～35 岁用户占比 41.1%; 学历在本科及以上的用户接近半数(48.4%); 已婚群体居多，占比 61.8%，其中 51.2%用户已有小孩;

用户类别	用户画像
三、四线城市用户 （40.4%）	常驻城市 TOP5：临沂、菏泽、兰州、台州、漳州； 工薪一族居多，爱浏览视频 App； 职业分布方面，普通公司员工（23.6%）和专业技术人员（14.1%）占主导； 过半用户个人月收入在 3000～8000 元这一区间，占 51.7%； 家庭月收入在 8000～20 000 元这一区间人数占比达到 47.9%； 近 65% 三、四线城市用户有浏览在线视频 App 的习惯，时间多集中在 19～22 时； 日常出行以公交为主，境外游以东南亚国家为主； 日常出行方式中，主要以公交（51.4%）和驾车（29.6%）出行为主； 长途交通出行偏好主要以火车/高铁（44.3%）和汽车（35.1%）为主； 国内游 TOP3 目的地：北京（19.5%）、上海（10.4%）、西安（6.6%）； 出境游 TOP3 目的地：泰国（30.9%）、越南（11.8%）、马来西亚（11.2%）
三口之家用户 （49.2%）	高学历、成熟用户群体为主； 男性占比 52.9%，女性占比 47.1%； 成熟用户较多，35 岁以上用户占比 58.3%； 学历在本科及以上的用户过半（50.1%）； 一线城市用户占比为 11.7%，二线城市用户占比为 45.1%； 常驻城市 TOP5：重庆、北京、深圳、上海、成都； 家庭月收入 20000 元以上用户多，重视金融理财； 职业分布，企业中级管理人员（22.4%）和专业技术人员（20.1%）占主导； 接近半数用户个人月收入在 5000～10 000 元这一区间，占 48.9%； 家庭月收入 20 000 元以上的用户达到 38.7%，整体消费能力强； 近 83% 三口之家用户有浏览金融理财 App 习惯，集中在每日 11～13 点和 18～20 点； 有车一族多，长途出行坐飞机人数多； 日常出行方式中，主要以公交（49.9%）和驾车（33.1%）出行为主； 长途交通出行偏好主要以火车/高铁（79.0%）和飞机（48.6%）为主； 国内游 TOP3 目的地：北京（15.0%）、上海（10.7%）、杭州（8.3%）； 出境游 TOP3 目的地：泰国（30.6%）、日本（13.3%）、马来西亚（12.9%）； 最近一年出游平均花费为 11 080.5 元，高于去哪儿用户平均水平

数据来源：《2018 年在线旅游平台用户洞察研究报告》。

(二)《2021年一季度中国旅游行业网络关注度分析报告》

通过微热点大数据研究院对微博、公众号、博客和数万家论坛、报刊、政务网站、视频网站的数据统计，对2021年1月1日至3月31日期间互联网上关于全国旅游及与其相关信息的网络传播热度指数和全网信息量进行综合统计，客观反映统计时段内旅游行业的整体情况。

据微热点大数据研究院统计，2021年第一季度，全国旅游行业相关信息达5111.47万条。微博(37%)和客户端(34%)成为旅游相关信息主要传播平台。

从全网信息走势图(图4-7-1)中可以看出，2021年国内旅游行业相关信息整体呈上升趋势，2021年3月全网信息量达到2036.92万条。随着国内疫情防控形势持续向好，居民旅游意愿提升，国内旅游市场持续复苏，旅游行业相关信息总量也随之上涨，同比增长均在45%以上。

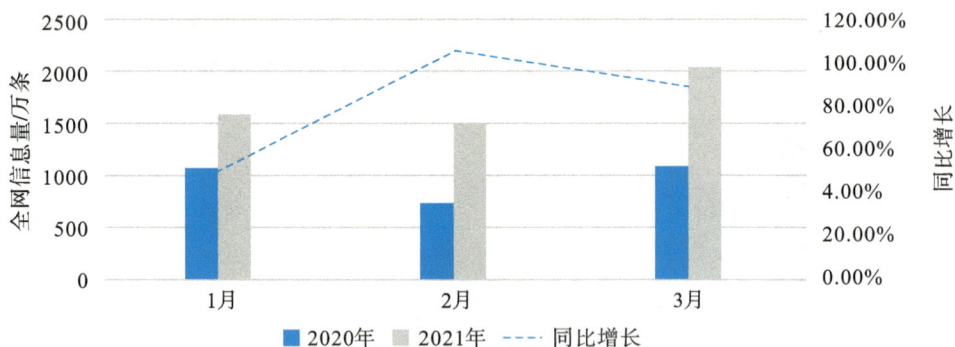

图4-7-1　全国旅游行业相关信息走势

在统计时段内，全国旅游行业相关敏感信息占比为4.59%，非敏感信息占比为95.41%，可见2021年国内旅游行业舆论整体态势倾向正面。梳理敏感信息可见游客参观四川汶川地震遗址嬉笑、迪士尼剧场女观众上台殴打演员、游客在趵突泉捞取硬币、3名游客在八达岭长城墙体上刻字等个人不文明旅游行为引发舆论负面情绪。此外，部分景区发生的安全事故也是旅游行业敏感信息产生的主要原因之一。

从关键词云图(图4-7-2)中可以看出，"旅行""出游""游客""vlog"等成为2021年第一季度旅游行业传播热词。同时"开春""赏花""花海""郁金香"等成为网民热议焦点。此外，"动物园""上海迪士尼""什刹海""北京环球度假区"等地颇受网民热议。而从"漂亮""畅享""快乐""收获""幸福"等词可以看出网友对旅游的热情。

图 4-7-2　关键词云图

如图 4-7-3 所示，全国旅游关注者主要集中在北京、广东，第一季度全网信息量均超过 1200 万。关注旅游行业人群主要集中在东部及东南部沿海地区。

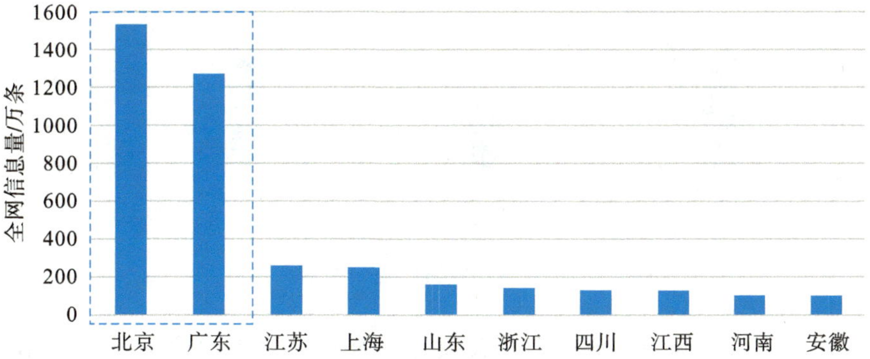

图 4-7-3　全国旅游关注者地域分布 TOP10

如图 4-7-4 所示，从性别构成上看，关注旅游的男性占比略高于女性，男性为 51.58%，女性为 48.42%。从年龄分布来看，20~29 岁、30~39 岁这两个年龄段的人群更关注旅游行业，合计占比超过七成，可见 80、90 后成为关注旅游行业的主力军。同时，40 岁及以上人群占比达 22.03%，可见中老年群体在旅游行业中也颇具潜力。

通过对旅游相关微博信息统计发现，旅游关注者的活跃时段主要在下午及晚上，其中 12 时、17 时、22 时产生信息峰值，可以看出午休、下班后及睡觉前成为网民讨论旅游相关话题的高峰期。而从微博信息发布时间周期来看，相较休息日，工作日有关旅游的相关信息量更多。

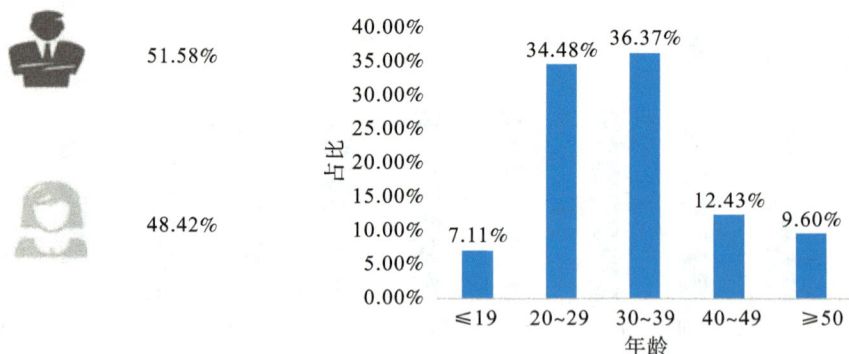

51.58%

48.42%

图 4-7-4　关注全国旅游相关信息年龄分布

如图 4-7-5 所示，在众多出游方式中，"自驾游"成为最热的旅游方式，2021年第一季度热度为 45.28，可见自由、灵活、随性正成为居民出游的重要考量之一。同时，旅游自媒体账号宣传自驾游相关路线也对其热度上涨有积极作用。此外，"跟团游"依旧是居民出游的主要方式之一，而"周边游"的吸引力也不容小觑，两者热度分别为 32.83 和 30.14。

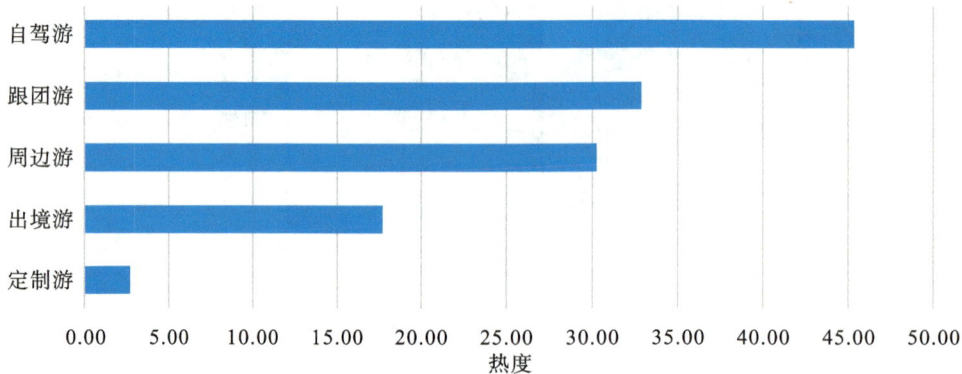

图 4-7-5　全国旅游出游方式热度 TOP5

如图 4-7-6 所示，在旅游相关事宜的讨论中，"景区"成为网民重点讨论内容，热度为 81.73。同时"交通""住宿""餐饮""服务"等颇受关注，热度均超过 55。

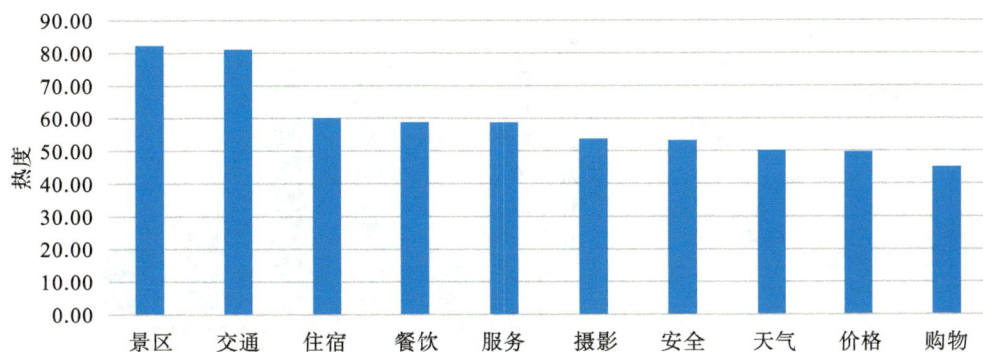

图 4-7-6　旅游相关事宜关注热度排行

如图 4-7-7 所示，网民在选择出游同伴时，八成以上网民选择和自己熟悉的人共同出游，其中朋友和家人成为首要选择。

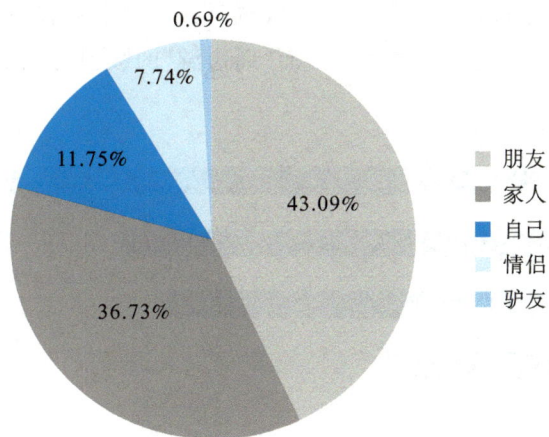

图 4-7-7　出游同行者占比

实操 1　数据抓取

抓取工具	网站	要　　求
八爪鱼	携程	抓取前 300 条数据，去掉重复项，保存为 .xlsx 格式
火车头	美团	抓取前 300 条数据，去掉重复项，保存为 .xlsx 格式

分别用以上两种抓取工具，记录数据抓取的操作过程。

八爪鱼	1	
	2	
	3	
	4	
	5	
	6	
	7	
	8	

火车头	1	
	2	
	3	
	4	
	5	
	6	
	7	
	8	

实操 2　数据清洗与加工

提取工具	数据	要　　求
Excel 表格	携程	(1)避免在数据清单中存在有空行和空列。 (2)避免在单元格的开头和末尾键入空格。 (3)避免在一张工作表中建立多个数据清单，一表一个数据清单。 (4)在工作表的数据清单应与其他数据之间至少留出一个空列和一个空行，以便于检测和选定数据清单。 (5)关键数据应置于数据清单的顶部或底部
OpenRefine	美团	表格的每一列都要有一个列名，每一行都有一个标号，其可以进行列的重命名和删除，也可以根据某一个字段对列进行排序

通过实操二得到的数据，记录数据提取的操作过程。

Excel 表格	1	
	2	
	3	
	4	
	5	
	6	
	7	
	8	

OpenRefine	1	
	2	
	3	
	4	
	5	
	6	
	7	
	8	

实操 3　数据提取

分析工具	数据	要　　　求
Excel 表格	携程或美团	游客数据的提取（爱好、年龄、性别、单价等）
帆软	平台自带数据	常用的 Select From 语句是 SQL 查询和提取的必备技能，但即使是简单的取数工作也有不同层次。 第一层是从单张数据库中按条件提取数据的能力，where 是基本的条件语句； 第二层是掌握跨表提取数据的能力，不同的 join 有不同的用法； 第三层是优化 SQL 语句，通过优化嵌套、筛选的逻辑层次和遍历次数等，减少个人实践浪费和系统资源消耗

通过实操三得到的数据，记录数据分析的操作过程。

Excel	1	
	2	
	3	
	4	
	5	
	6	
	7	
	8	

帆软	1	
	2	
	3	
	4	
	5	
	6	
	7	
	8	

实操 4 数据分析

分析工具	数据	要 求
Excel 表格	携程	进行数据的分析和统计（爱好、年龄、性别、单价等）
帆软	帆软平台	多张表格之间的关联操作，完成数据的分析和统计

通过实操三得到的数据，记录数据分析的操作过程。

	序号	
Excel 表格	1	
	2	
	3	
	4	
	5	
	6	
	7	
	8	

	序号	
帆软	1	
	2	
	3	
	4	
	5	
	6	
	7	
	8	

实操 5 数据展现

展现工具	数据	要 求
大数据模板	模板自带	进行数据的提取(爱好、年龄、性别、单价等)
帆软	Fine BI	图文并茂、基本原则更易于理解,生动、有趣、互动、让领导层读图、看趋势、要结论;让执行层看数、读文字、看过程。 数据展现永远辅助数据内容,有价值的数据报告才是关键

记录数据大屏展现的操作过程。

大数据模板	1	
	2	
	3	
	4	
	5	
	6	
	7	
	8	

帆软	1	
	2	
	3	
	4	
	5	
	6	
	7	
	8	